RAUS AUS DEINER KOMFORTZONE

Bibliografische Information der Deutschen Nationalbibliothek:
Die Deutsche Bibliothek verzeichnet diese Publikation in der Deutschen Nationalbibliografie; detaillierte bibliografische Daten sind im Internet über http://dnb.ddb.de abrufbar.

Für Fragen und Anregungen:
komfortzone@mvg-verlag.de

Die Übungen und Beschreibungen entspringen der Erfahrung der Autoren und sind mit großer Sorgfalt ausgesucht worden. Allerdings kannst nur Du entscheiden, ob die Übungen auf Deinen Lebensbereich passen und Du sie durchführen möchtest. Wir übernehmen keine Haftung für eventuelle Nachteile oder Schäden, die aus den in diesem Buch aufgeführten Übungen resultieren.

1. Auflage 2011

Nymphenburger Straße 86
D-80636 München
Tel.: 089 651285-0
Fax: 089 652096

Satz & Layout: Christina Solveig Schmidt, Stuttgart
Druck: CPI - Ebner & Spiegel, Ulm
Printed in Germany

ISBN 978-3-86882-233-5

Andreas Brede / Sascha Ballach

RAUS AUS DEINER KOMFORTZONE

Das Übungsbuch für die Entwicklung Deiner Persönlichkeit

Inhaltsverzeichnis

Einleitung

Seit meinem 12. Lebensjahr beschäftige ich mich intensiv mit Persönlichkeitsentwicklung. Dabei habe ich weit über 50.000 Euro für Seminare, Bücher, Audio und Videokurse ausgegeben. So richtig vorwärts ging es trotzdem nicht. In dieser Zeit habe ich auch viele andere Menschen getroffen, denen es ähnlich wie mir ging. Auch sie waren schon bei vielen Seminaren und haben einige Bücher gelesen ohne sich wirklich stark weiterzuentwickeln. Damit konnte und wollte ich mich nicht zufrieden geben.

Durch meine Arbeit als Assistent eines bekannten NLP und Persönlichkeitstrainers und langjähriger Leiter und Organisator einer NLP-Peergroup hatte ich die Gelegenheit viele Menschen bei ihrer Entwicklung zu beobachten. Wer hat sich in welcher Zeit wie stark entwickelt? Warum hat sich einer schneller und stärker entwickelt als jemand anderes? In welchen Situationen habe ich mich besonders stark entwickelt?

Es hat einige Jahre der Beobachtung und des Studiums gebraucht, bis mir die einfache Lösung offenbar wurde. Wir entwickeln uns immer dann, wenn wir unsere Komfortzone verlassen. Das hört sich einfach an und eigentlich ist es auch einfach, wenn, ja, wenn da das Wörtchen wenn nicht wäre.

Was ist Deine Komfortzone? Ganz einfach gesagt ist Deine Komfortzone alles, was Du schon erlebt hast und wo Du Dich mit wohl fühlst. Leider ist es nicht ganz so einfach immer wieder seine Komfortzone zu verlassen. Die meisten Menschen finden immer wieder Gründe, warum sie bestimmte Dinge nicht machen. Das sind Gründe wie: „Ach, das hört sich so einfach an, das kann doch nichts bringen.“, „Wozu soll das gut sein? Das hat doch nichts mit meinen Problemen zu tun.“ und ähnliche.

Es hindern uns aber nicht nur unsere Ausreden daran unsere Komfortzone zu erweitern. Oft sehen wir die Möglichkeiten dazu einfach nicht. Immer wieder brauchen wir Menschen in unserem Umfeld, die uns auf solche Möglichkeiten hinweisen. Konsistent gelingt das allerdings den wenigsten. Und da setzt dieses Buch mit seinen Übungen an.

Ich habe über 100 Übungen und noch mehr zusätzliche Variationen zusammengestellt, die Dich nach und nach und immer wieder aus Deiner Komfortzone führen. Es sind sicher auch Übungen dabei, die Dich nicht aus Deiner Komfortzone führen. Da sich das Buch an alle richtet lässt sich das leider nicht ausschließen. Trotzdem mache bitte alle Übungen. So vermeidest Du, dass Du Dich vielleicht um eine Übung drückst, die sehr gut für Dich ist. Mache die Übungen so wie beschrieben und probiere dann auch die Variationen aus. Vielleicht fallen Dir auch noch eigene Variationen ein.

Bei dieser Art von Übung ist die Erfahrung des eigenen Erlebens sehr wichtig und notwendig. Du kannst vor der Übung nicht mit Deiner Logik abschätzen, was die Übung für Dich bringen wird. Das ist ja mitunter das Spannende am Leben, dass es nicht vorhersehbar ist.

Um das meiste aus den Übungen zu ziehen beantworte Dir, am Besten schriftlich, nach den Übungen folgende Fragen:

- Wie ist es mir vor der Übung gegangen? Was habe ich gedacht und gefühlt?
- Wie ist es mir während der Übung gegangen? Was habe ich gedacht und gefühlt?
- Wie geht es mir nach der Übung? Was denke und fühle ich?
- Wenn ich die Übung noch einmal machen muss, wie denke und fühle ich mich dann?

Die Übungen habe ich nahezu alle selbst schon gemacht. Die meisten wurden auch schon von einigen Probegruppen, Freunden, Bekannten oder von Teilnehmern des Komfortzonenforums durchgeführt und das Feedback ist in die Übungen mit eingeflossen. Sie wurden immer weiter verfeinert, so dass sie wirklich praxisorientiert sind. Mir sind bei meinen Recherchen an vielen Stellen Übungen für den Bereich der Komfortzone begegnet, bei denen aber bei näherem Hinsehen klar war, dass diese der Theorie entsprungen sind, nicht der Praxis. Das ist bei diesem Buch anders. Du kannst Dich darauf verlassen, dass alle Übungen praxisgerecht und auch durchführbar sind.

Je nach eigenem Entwicklungsstand ist der Schwierigkeitsgrad für den einen gering, für einen anderen bei der gleichen Übung ungleich schwerer. Das ist auch gut so, weil es eben die ganze Bandbreite der menschlichen Entwicklung verdeutlicht. Ich kann mir keine Welt vorstellen, in dem Konformität an der Tagesordnung ist. Letztendlich tragen diese Übungen wesentlich dazu bei, dass Du ab sofort ein spannenderes Leben führen wirst, in dem auf einmal vieles möglich und noch mehr auch ganz einfach sein wird.

Du wirst während der Übungen sehr viel mit Dir, Deiner Persönlichkeit, Deinen Gefühlen und auch Deinen Ängsten konfrontiert werden. Ein Wechselbad der Gefühle ist nichts Ungewöhnliches. Was dabei an positiven Dingen herauskommt, kann ich selber nicht immer abschätzen.

Ich weiß nur eins: es macht unglaublich viel Spaß, die Übungen zu machen, sich selber bei der eigenen Entwicklung der Persönlichkeit zusehen zu können und den eigenen Weg erfolgreich zu begehen…

PS: Vielleicht ist es Dir schon aufgefallen, dass wir, Andreas und Sascha, das ganze Buch in der Ich-Form geschrieben haben, obwohl wir 2 Autoren sind. Wir haben uns aus verschiedenen Gründen für diese Schreibweise entschieden. Erstens fanden wir es schwierig immer wieder zu unterscheiden von wem jetzt gesprochen wird, da wir das Buch komplett zusammen geschrieben haben und sehr stark überlappende Erfahrungen haben. Wir hätten also immer zwischen ich (Sascha), ich (Andreas) und wir hin und her wechseln müssen, was unserer Meinung nach zu mehr Konfussion als zu mehr Klarheit geführt hätte. Außerdem finden wir das persönlicher. Wir haben uns auch dafür entschieden Dich zu duzen und so eine sehr persönliche Ebene mit Dir aufzubauen und die werden wir auch von unserer Seite beibehalten.

Die Angst vor Neuem

In vielen der so genannten Ratgeber steht, dass Veränderung einfach ist. Trotzdem fällt es den meisten Menschen schwer, sich bewusst zu verändern oder mit von außen induzierter Veränderung umzugehen. Woran liegt das? Sind diese Menschen alle zu schwach? Nein, sie sind sich meistens nur nicht der Struktur ihres Gehirns bewusst.

Unser Gehirn hat sich im Laufe von Milliarden Jahren entwickelt. Dabei wurde es aber nicht immer wieder neu erfunden, sondern es kamen mit der Zeit immer wieder neue Teile dazu. Als letztes ist der Neokortex dazu gekommen, der nur bei Säugetieren anzutreffen und der beim Menschen besonders groß ist. Sehr viel früher vor ca. 3,5 Milliarden Jahren ist das limbische System entstanden und es hat einen sehr viel größeren Einfluss auf unser Verhalten als den meisten bewusst ist.

Aufgrund unserer überragenden Intelligenz denken wir oft, wir müssen nur irgendetwas entscheiden und schon können wir es auch umsetzen. Dass dem nicht so ist haben schon viele zum Jahreswechsel bemerkt. So viele Menschen nehmen sich zum Jahreswechsel vor dies oder das anders zu machen, mit dem Rauchen aufzuhören, mehr Sport zu treiben, abzunehmen usw. Und wie viele haben es wirklich geschafft? Warum fällt es uns so schwer eine für die Veränderung getroffene Entscheidung auch umzusetzen? Wir wissen, dass es uns durch die Veränderung besser geht und doch schaffen wir es nicht. Wenn nur unser Intellekt dafür zuständig wäre, dann würden wir auch einfach alles erreichen, was wir uns vornehmen.

Dagegen steht nur wie schon erwähnt, das limbische System. Es bestimmt viel entscheidender unser Handeln als die meisten Menschen glauben. Es ist z. B. darauf aus uns Sicherheit zu geben. Es möchte uns die Sicherheit des Überlebens geben. Daher lernt es Strategien die funktionieren und wendet diese immer wieder an. Das führt dazu, dass uns das limbische System dazu bringt, uns weiter so zu verhalten, wie wir uns bisher verhalten haben, denn schließlich haben wir mit dem Verhalten bis jetzt überlebt. Dabei interessiert es das limbische System nicht, dass es auch optimalere Verhaltensweisen gibt. Jede Veränderung bedeutet eine Gefahr, denn es ist für das limbische System nicht abschätzbar, ob es dem Überleben dient oder eher schadet. Daher strebt es Kontinuität an.

In unserer heutigen immer schneller werdenden Zeit entwickelt sich diese Strategie, die viele Milliarden Jahre so gut funktioniert hat, so nach und nach zum Nachteil. Die Welt um uns herum verändert sich so schnell, dass wir inzwischen schon innerhalb von einem Leben ständig neuen Gegebenheiten ausgesetzt sind. Noch viele unserer Großeltern haben ihr ganzes Leben in einem Beruf in einer Firma gearbeitet. So etwas ist heute so gut wie undenkbar. Der Wechsel des Arbeitgebers oder sogar unseres Berufes gehört für uns heute zum Alltag. Das limbische System tut sich mit solchen Veränderungen sehr schwer. Daher trifft es oft für uns die Entscheidung etwas weiter zu tun, was wir eigentlich nicht mehr tun wollen. Das ist aber noch nicht alles. Es sorgt weiterhin dafür, dass unser Bewusstsein diese Entscheidung auch unterstützt.

So finden wir gute Gründe, warum wir den Job noch nicht wechseln, obwohl wir eigentlich wechseln wollen. Wir finden auch gute Gründe, warum wir weiter rauchen, z. B. weil wir sonst von den Firmeninformationen, die ja bekanntlich in den Raucherecken weitergegeben werden, abgeschnitten sind. Auch mit den Komfortzonenübungen kann es Dir passieren, dass Du vermeintlich gute Begründungen findest, warum Du die eine oder andere Übung nicht machst. Sehr wahrscheinlich hat dann Dein limbisches System die Entscheidung getroffen und Dein Bewusstsein begründet die Entscheidung und findet dabei immer gute Gründe.

Daher empfehle ich Dir, jede Übung einfach zu machen, egal was Dir Dein Bewusstsein für Argumentationen dagegen liefert. Beobachte was Du denkst und was Du fühlst. So nach und nach wirst Du ein Muster erkennen. Für gewöhnlich verhalten wir uns immer wieder gleich, wenn die Angst vor Neuem auftaucht. Wir wählen immer wieder ähnliche Begründungen, machen uns ähnliche Gedanken usw. wenn wir mit etwas Neuem konfrontiert werden.

Das Schöne ist, dass wir so auch in anderen Situationen schnell erkennen, wenn unser limbisches System eine Entscheidung getroffen hat, die unser Bewusstsein versucht zu begründen. Wenn wir uns dessen bewusst sind, dann bekommen wir die Möglichkeit die Situation wirklich zu durchdenken und auch unabhängig von der Angst zu spüren ob wir das wollen oder nicht. Oft ist die Angst einfach unbegründet und steht uns so im Weg. Lerne mit den Komfortzonenübungen diese Angst zu erkennen und bewusst zu entscheiden, ob Du ihr nachgibst oder ob Du etwas verändern möchtest für eine bessere Zukunft.

Etwas sollte Dir dabei noch bewusst sein. Das limbische System hat noch eine weitere Funktion. Es filtert Informationen. Auf uns stürzen pro Sekunde weit über 1000 Informationen ein. So viel kann unser Gehirn nicht verarbeiten. Daher werden die Informationen gefiltert und nur die für uns wichtigen Informationen zu uns durchgelassen. Nur wer entscheidet was für uns wichtige Informationen sind? Hast Du jemals die Entscheidung getroffen welche Informationen für Dich wichtig sind und welche nicht? Auch das entscheidet das limbische System.

Vor ein paar Jahren, ich war unzufrieden mit meinem Job, hat mir ein Bekannter einen sehr interessanten Job angeboten. Er hat sich mit mir in Thailand darüber unterhalten. An dieses Gespräch kann ich mich nicht mehr erinnern. Dann hat er mir eine eMail geschrieben in der er mich unter anderem gefragt hat, was jetzt mit seinem Angebot ist. Diese Mail habe ich komplett und ausführlich beantwortet, nur die Frage nach dem Job habe ich komplett übersehen. Irgendwann habe ich dann nochmal mit ihm telefoniert und er hat mich direkt darauf angesprochen und ich bin aus allen Wolken gefallen. Ich habe ihm nicht geglaubt, dass er mich das schon in einer eMail gefragt hat. Ich habe natürlich nachgesehen und er hatte Recht, es stand tatsächlich in der eMail drin. Ich habe mir dann auch noch meine Antwort angesehen. Ich habe alle Fragen davor und danach beantwortet, nur diese eine Frage habe ich gar nicht wahrgenommen. Zum Glück war er hartnäckig, sonst hätte er diesen Traumjob jemand anderem gegeben.

Genauso kann es Dir passieren, dass Du Deine Lieblingstageszeitung durchblätterst und eine Anzeige übersiehst, in der Dein Traumjob ausgeschrieben ist, obwohl die Anzeige wirklich sehr auffällig ist. Sie wird trotzdem einfach ausgefiltert. Daher ist es manchmal ganz sinnvoll den Partner die Zeitung durchblättern zu lassen und ihn nach etwas interessantem für Dich suchen zu lassen. Er oder sie hat ganz andere Filter als Du und sieht so auch andere Dinge.

Wenn Dein limbisches System aber so nach und nach lernt, dass Neues gut für Dich ist und es Dein Überleben sichert, wenn Du offen für Neues bist, dann wird es auch die Filtermechanismen verändern. Du wirst plötzlich sehen, was es alles Neues und Spannendes auf der Welt gibt und offen für die damit verbundenen Möglichkeiten sein. Die im Praxisteil folgenden Komfortzonenübungen sind ein ideales Trainingsprogramm dafür.

Wenn Du Dich regelmäßig Deinen Ängsten stellst, wirst Du bald bemerken, dass dies auch Einfluss auf andere Bereiche Deines Lebens hat. Ich hatte Zeit meines Lebens Höhenangst. Ich habe mich dadurch zwar nicht davon abhalten lassen auf Bäume zu klettern oder auf den Fernsehturm zu gehen, die weichen Knie hatte ich aber trotzdem. Während meine Freunde in ein paar Sekunden auf den Bäumen waren und dort von Ast zu Ast sind, bin ich sehr langsam und bedächtig jeden Schritt mehrmals testend hoch geklettert und war froh, wenn ich in einer möglichst stabilen Position bleiben konnte und mich erst wieder zum Runterklettern bewegen musste. In letzter Zeit habe ich nicht mehr an diese Angst gedacht, da sie mir nicht sonderlich wichtig war. Ich habe aber an anderen Ängsten von mir gearbeitet. Letztens war ich dann im Elbsandsteingebirge und bin mit Freunden die Stiegen „geklettert“. Etwas anders war mir schon, was ich aber als natürlich empfinde, wenn man ohne Sicherung in 10 Meter Höhe auf rutschigen Eisenbügeln rumklettert. Aber von meiner Höhenangst habe ich nichts mehr gespürt. Keine weichen Knie mehr. Ich hatte Respekt vor der Höhe, bin also nicht übermütig geworden, aber die Angst war eindeutig weg. Wer weiß welche Ängste sich so noch nebenbei verabschiedet haben.

Um auch Dir dieses Erlebnis zu ermöglichen, haben wir die Komfortzonenübungen so umfangreich und aus den unterschiedlichsten Bereichen gewählt. So beschäftigst Du Dich mit verschiedenen Ängsten und löst andere gleich mit auf.

Das Modell der Komfortzone

In Deutschland benutzen wir sehr oft den Begriff des Alltags. Doch was bedeutet dieser Begriff für uns? Sind damit „alle" Tage gleich? Dieser Begriff scheint für mich sehr irreführend zu sein und auch sehr gefährlich. Er vermittelt, dass jeder Tag gleich sein kann. Er vermittelt auch das Gefühl einer trügerischen Sicherheit, einer Sicherheit die es in der heutigen Welt nicht mehr gibt.

Wie schon an anderen Stellen des Buchs erwähnt, ist die Welt um uns herum im Wandel. Auch wenn wir noch so an Routinen und Gewohnheiten festhalten, werden wir damit die Welt nicht ändern können. Was wir ändern können, liegt bei uns, an unseren Entscheidungen und welchen Weg wir wählen.

Hier ein paar Beispiele für den Wandel in der Welt:

Arbeitsplatz

Die Industriegesellschaft hat sich über die Dienstleistungsgesellschaft zur Informationsgesellschaft entwickelt. Ganze Branchen gibt es heute nicht mehr. Fabriken und Arbeitsplätze werden von einem Land in ein anderes Land verlagert. Lange als sicher geltende Berufe wie bei der Bank sind beliebig geworden, eine sichere Arbeitsstelle gibt es heute nicht mehr. Die Arbeitswelt ändert sich in einem rasanten Tempo.

Demographie

Die Bevölkerung wird immer älter, der Anteil zwischen Männer und Frauen dabei ungleicher. Die Bevölkerung in Asien wächst schneller als in den europäischen Ländern, in Deutschland wird es weniger Einwohner geben als jetzt.

Technologie

Es gibt immer ausgefeiltere technische Lösungen. Inzwischen chatten, emailen, telefonieren, skypen oder sms-en wir miteinander, manchmal sogar noch gleichzeitig. Die Nanotechnologie ist inzwischen ein alter Hut, die Gentechnologie stellt uns vor ganz andere Herausforderungen, auch in ethischer und moralischer Richtung.

Das sind erst einmal Veränderungen, die vordergründig vielleicht nichts mit Dir oder Deiner Situation zu tun haben. Und doch stehen sie für einen Wandel, der uns alle beeinflusst. Niemand hat mehr die Möglichkeit, in allen Bereichen des Lebens die komplette Übersicht zu haben, dazu ist sie viel zu komplex geworden. Es stellt sich nun die Frage, wie gehe ich mit diesem Wissen und den Veränderungen um.

Die Komfortzone

Die Komfortzone ist der „Wohlfühlbereich", also der Bereich in dem Du Dich sicher und wohl fühlst. Hier sind Deine Gewohnheiten und Routinen zu Hause und Dein Leben richtet sich nach einem bestimmten Ablauf. Hört sich doch erst einmal sehr gut an, so einen Bereich zu haben, findest Du nicht?

Die Komfortzone gibt uns Sicherheit. Du weißt in der Regel sehr gut, welche Auswirkungen Dein Handeln hat und richtest Dich darauf aus. Handlungen mit negativen Auswirkungen werden so gut es geht vermieden. Die Komfortzone ist das Bekannte. Unsere Gewohnheiten und Routinen wiederum werden im Unbewussten gesteuert. Das Unbewusste ist seit Deiner Geburt (und wahrscheinlich auch davor schon) vielen Einflüssen ausgesetzt. Ab einem bestimmten Alter wirst Du Dir Deiner Identität bewusst. Die Identitätsbildung geht mit der Erkenntnis einher, dass Du unterscheiden kannst zwischen „Wir" und Deinem „Ich". Du lernst, dass Du aus eigenem Antrieb handeln kannst. Und Du lernst, dass Deine Handlungen Konsequenzen haben. Anhand dieser Konsequenzen, die durch die Umwelt bestimmt sind, richtest Du Dein Leben ein.

Das perfide daran ist, dass hier Deine Umwelt in Form von Eltern, Freunden, Mitschülern, Kindergartenkollegen oder anderen Leuten Dir als Person das Feedback gibt. Naturgemäß – und richtigerweise – hast Du als Kind Grenzen „aufgezeigt" bekommen, was durchaus konstruktiv ist. Bei Rotlicht nicht über die Ampel zu gehen ist zumindest sehr hilfreich für das weitere Leben. Andererseits bestimmen die Grenzen auch die Einschränkungen in Deinem Leben. Wie Du sicherlich schon erkennen konntest, müssen bei jedem Menschen die Grenzen anders verlaufen, da jede Umgebung unterschiedlich ist und jeder unterschiedliche Erfahrungen gemacht hat. Diese Erfahrungen sind es aber schlussendlich, auf denen Deine Gewohnheiten und Routinen aufgebaut sind.

Im Allgemeinen vermeidet jeder Handlungen, die im Leben in irgendeiner Situation negative Konsequenzen und ein schlechtes Gefühl zur Folge hatten. Gerade im jungen Alter ist man sich nicht bewusst, dass die gleiche Situation in einer anderen Umgebung vielleicht positive Konsequenzen gehabt hätte. Mit jeder erlebten Erfahrung wird nun Dein Bild der Welt aufgebaut oder verändert.

Die Komfortzone ist Dein Modell der Welt.

„Jede erlebte Erfahrung ändert Deine Sichtweise der Welt."

Hast Du Dir vielleicht gerade beim Lesen der Zeilen schon die Auswirkungen ausgemalt. Wenn jede erlebte Erfahrung Deine Welt verändert, so muss es doch möglich sein, dass Du anhand selbst gewählter Erfahrungen Dein Leben in einer bestimmten Richtung verändern kannst? Und genau das stimmt. Je mehr Du erlebst, umso mehr verändert sich Deine Welt, in die Art, wie Du auf diese Welt blickst.

Leider gibt es dabei kein Patentrezept. Es ist nicht möglich zu sagen, mache jetzt A und genau B kommt dabei heraus. Aufgrund der vielfältigen Erfahrungen eines jeden Einzelnen und an welchem Punkt seiner Entwicklung er steht, wird auch jede Erfahrung anders in seiner Welt interpretiert werden.

Was liegt außerhalb der Komfortzone?

Die Komfortzone besteht vielerorts aus einem Modell mit 3 Bereichen: Komfortzone, Risikozone und Panikzone. Außerhalb der Komfortzone beginnt nach diesem Modell die Risikozone, in der die Veränderung stattfindet. Überschreitet dieses Risiko eine bestimmte Schwelle, beginnt die Panikzone.

Dieses Modell impliziert aber, dass jede Veränderung mit Risiko verbunden ist. Und das ist natürlich nicht der Fall, auch wenn Dir einige das glauben machen möchten. Sicherlich brauchst Du für einige Veränderungen die Bereitschaft, Deine Sicherheit gegen etwas Ungewohntes einzutauschen, von dem Du noch nicht weißt, was es Dir bringt. Viele Veränderungen machen aber einfach nur Spaß. Ich habe viele Leute schon gefragt, aus welchen Gründen sie sich verändert haben und bei vielen ist der Spaß der große Antrieb, wieso sie die Veränderung angegangen sind.

Du kannst nicht wissen, wie sich eine Erfahrung außerhalb der Komfortzone auf Dich auswirkt. Du kannst Dir sicherlich viele Gedanken darum machen und Modelle aufstellen, was das mit Dir macht. Aber nur durch das Erleben an sich wirst Du die Erkenntnis machen. Ich spreche jetzt nicht davon, alle möglichen Erfahrungen an sich zu machen, nur um der Erfahrung willen. Schon an vielen anderen Stellen des Buches habe ich erwähnt, dass Du selber dafür verantwortlich bist, in welche Richtung sich Dein Leben verändern soll. Dass dazu ausdrücklich nicht Erfahrungen gehören, die Dir beispielsweise gesundheitlich schaden, sollte für Dich ersichtlich sein.

Nicht jede Erfahrung muss gemacht werden. Es lohnt sich aber sehr, wenn Du Dich hinterfragst, aus welchem Grund Du eine Erfahrung nicht machen möchtest. Ist es Deine Angst, die Dich hier einschränkt oder ist es Deine freie Entscheidung? Denn hier bestimmst Du die Grenzen Deiner Komfortzone… und damit Deiner Welt.

Wie erkenne ich die Grenzen meiner Komfortzone?

Im Grunde ist das Erkennen ganz einfach. Die Grenzen der Komfortzone sind die Grenzen des Dir Bekannten. Eine einfache Hilfestellung für den Übungsteil kann ich Dir zusätzlich mitgeben. Es gibt zwei Dinge, an denen Du merkst, dass hier Einschränkungen vorliegen:

- In Dir entsteht ein Gefühl des Unwohlseins. Dies ist ein klares Anzeichen dafür, dass hier die Grenzen Deiner Komfortzone erreicht sind. Sobald Du dieses Gefühl bemerkst, entscheide schnell, wie Du dieses Signal als Hinweis benutzen kannst, Deine Komfortzone durch eine „ungewohnte" Handlung zu erweitern.

- Du weißt vermeintlich, warum genau Du diese Übung nicht machen musst und dass sie Dir nichts bringt. Noch einmal: nur durch die selbst gemachte Erfahrung kannst Du Deine Komfortzone erweitern und mit ihr Deine Welt.

Noch einfacher ist es, das Thema mit einem Vergleich zu beschreiben: die Grenzen Deiner Komfortzone entsprechen den Einschränkungen, denen Du unterliegst. Gibt es Bereiche, in denen Du noch nicht so frei agieren kannst, wie Du möchtest? Und was hindert Dich daran, etwas zu tun? Das ist dann die Grenze Deiner Komfortzone. Und jede Erweiterung dieser Grenze ist demnach ein Schritt in die Richtung eines selbstbestimmten Lebens. Selbstbestimmt ist das Leben beispielsweise, wenn die Entscheidungen und Handlungen nicht auf Ängsten basiert sind.

Anwendungen

Übungen zur Erweiterung der Komfortzone findet man heute fast überall. Auch in eher konservativen Bereichen wie der Unternehmensführung oder der modernen Psychotherapie sind immer öfter Komfortzonenübungen zu finden. Das ist nicht verwunderlich, steht doch in diesen Bereichen die Wirkung im Vordergrund.

Schüchternheit

Laut einer Studie von Bernardo Carducci, Leiter des Instituts für Forschungen zur Schüchternheit an der Indiana University, leiden 45-50% der Bevölkerung an Schüchternheit. Dabei sind etwa 15-20% schwer betroffen und leiden unter massiven Auswirkungen wie Stottern oder Erröten, können keinen Augenkontakt aufrecht erhalten oder lachen wenig. Die anderen Betroffenen werden als heimlich Schüchterne bezeichnet.

Schüchternheit wird dabei oft wenig ernst genommen, kann aber bis zur sozialen Isolation führen. Sie gehört zu den destruktiven Gefühlen und hemmt damit die eigene Entwicklung und kann unsere Chancen vermindern. Prinzipiell kann aber jeder von uns in bestimmten Situationen schüchtern sein. Ich habe den Praxisteil so aufgebaut, dass es in jedem Bereich Übungen gibt, die dieses Thema aufbereiten.

Psychotherapie

Auch in der Psychotherapie, speziell in der Verhaltenstherapie, hat man schon lange erkannt, dass bei bestimmten Therapiegebieten die Änderung auf der Verhaltensebene massive Auswirkungen auf den inneren Zustand hat. Die Verhaltenstherapie ist aus den Erkenntnissen der wissenschaftlichen Psychologie entstanden. Diese Formen der Behandlung sind nicht problemzentriert, sondern gehen von einem lerngeschichtlichen Hintergrund aus. Das bedeutet, es wird nicht zwangsläufig Ursachenforschung betrieben, sondern mehr konstruktiv an den Ängsten gearbeitet.

Typische Themengebiete, die mithilfe von Komfortzonenübungen bearbeitet werden, sind soziale Phobien. Dort wird man mit dem angstauslösenden Reiz konfrontiert, z. B. indem man sich mitten im Markt auf eine erhöhte Stelle stellt und Lieder singt oder Gedichte rezitiert. Bei starken sozialen Phobien ist anfangs vielmals der behandelnde Therapeut zur Stelle, um notfalls Unterstützung zu geben. Später wird die Übung ohne Begleitung gemacht. Neben dem sofort auftretenden Erfolgserlebnis bei der Angstbewältigung werden auch andere Aspekte der Angst bearbeitet.

Flirten

Während der Recherche zu diesem Buch wurde mir erst einmal richtig bewusst, wie groß die Nachfrage nach Ratgebern aus dem Bereich Flirten ist. Um das Flirten herum hat sich eine eigene Szene entwickelt, die sich selber Pick Up Artists nennt. Auch viele Fernsehsender wie z. B. MTV haben sich dieses Themas angenommen.

In dieser Flirt-Szene werden viele Methoden und Techniken gelernt, wie man schnell beim anderen Geschlecht Erfolg erzielen kann, wenn man sich auf eine bestimmte Art verhält. Wie in vielen anderen Bereichen des Lebens reicht es meiner Meinung nach aber nicht, bestimmte Techniken auswendig zu lernen, auch wenn sich vielleicht anfänglich ein Erfolg einstellen mag. Irgendwann kommt dann aber der Zeitpunkt, an dem sich die eigene Persönlichkeit nicht mehr hinter Techniken verstecken lässt. Spätestens dann verliert das Gegenüber das Interesse.

Der Aufbau der eigenen Persönlichkeit ist deswegen eindeutig die bessere Wahl. Und die Entwicklung der eigenen Persönlichkeit endet nie, Du hast immer Bereiche, in denen Du noch nicht an der Stelle bist, an der Du eigentlich stehen kannst.

Die professionelle Flirt-Industrie teilt sich derzeit wohl in unterschiedliche Lager auf. Das eine Lager besteht aus den Leuten, die nach meinem Dafürhalten mit Effekthascherei und billigen Tricks zum Erfolg kommen wollen und das Verhalten und die Persönlichkeit nur noch dem Ziel unterordnen, einen möglichst zählbaren Erfolg zu bekommen. Und natürlich ist es so, dass auf diese extreme Haltung hin sich das Feedback des anderen Geschlechts ändert, möglicherweise sogar in der positiven Richtung. Da kommen wir dann zu einer grundsätzlichen Überlegung, nämlich ob die reine Zielorientierung in diesem Fall nicht sehr oberflächlich ist. Das muss jeder für sich selbst entscheiden.

Das zweite Lager besteht für mich aus den Personen, die für sich erkannt haben, dass das reine Erlernen von Techniken und Methoden nicht sehr nachhaltig ist. Überraschenderweise sind so auch viele dieser Ratgeber mit einem Sammelsurium an verschiedenen Veränderungstechniken gespickt, die zwar allesamt aus anderen Bereichen ausgeliehen sind, dennoch in ihrer Wirkung auf einer anderen Gedankenhaltung beruhen.

Wie wäre es nun, die eigene Veränderung nicht nur unter diesem Aspekt zu sehen, sondern als ganzheitliches „Komplettpaket" für die Weiterentwicklung der eigenen Persönlichkeit? Unser Leben besteht aus vielen Momenten und Augenblicken…

Unternehmensführung & Management

„Holt die Mitarbeiter aus der Komfortzone" war einmal ein Bericht aus dem Manager Magazin betitelt. Laut diesem Bericht mindert ein zu hohes Sicherheitsgefühl die Produktivität und die Führungskraft soll den Mitarbeiter auch angstbeladenen Situationen aussetzen. Wohl dem, der heute einen sicheren Arbeitsplatz hat, an anderer Stelle habe ich ja schon einmal beschrieben, dass der Wandel auch in die Arbeitswelt Einzug gehalten hat.

In diesem Buch verfolge ich einen grundsätzlichen anderen Ansatz, der auf Veränderung aus freiem Willen und von innen heraus beruht. Die Komfortzonenübungen sind so effektiv, dass sie auch oder gerade im Berufsleben enorme Wirkung zeigen, z. B. beim Kontaktaufbau, Bekämpfung von Vermeidungsstrategien, usw. Ein entspannter Mitarbeiter ohne Angst gehört sicherlich zu den effektivsten Produktivitätsfaktoren im Unternehmen.

Wer den Schritt in die Selbstständigkeit wagt, wird sicherlich in vielen Situationen Fähigkeiten brauchen, die ein Erweitern der Komfortzone nötig machen. In der Selbstständigkeit stößt man immer wieder an die eigenen Grenzen. Durch das Üben werden selbstlaufenden Strategien aufgebaut, die Dich bei Deiner Arbeit konstruktiv unterstützen werden.

Prägung und Konditionierung

„Wer bin ich?" ist wohl eine der meistgestellten Fragen, die man sich selber mal stellt.

Ich kenne einige Menschen, die gegen Veränderungen sind und mit aller Gewalt versuchen, sich auf keinen Fall zu ändern, sie wollen sich selbst treu sein. Es ist aber nicht so, dass diese Menschen sich nicht verändern, da auch die Umwelt sich verändert. Die Veränderung geschieht dann eben extern und sie können nur darauf reagieren. Was heißt denn eigentlich, sich selber treu zu sein?

Zur Beantwortung dieser Frage muss ich etwas ausholen und einige Facetten der Persönlichkeitsentwicklung beschreiben. Nach unserer Geburt sind wir stark abhängig von unseren Eltern und deren Fürsorge. Erinnerungen an das Leben vor dem 4. Lebensjahr sind fast nicht möglich, da unser Gehirn die Informationen ganz anders speichert als später und wir es verlernen, diese wieder lesen zu können.

Ab einem gewissen Zeitpunkt bildet sich dann unsere Identität, wir erkennen, dass wir ein eigenes Individuum sind, ein „Ich" und kein „Wir". Noch bietet uns die Wissenschaft mehrere Modelle an, ab wann denn ein Kind eine eigene Identität bildet. Einige Psychologen behaupten, dass die Bildung einer Identität sogar mit unseren ersten Lügen zusammen hängt, bei denen wir erkennen, dass unsere Eltern eben nicht so wie wir denken, nicht alles wissen und dass wir etwas haben, welches uns von unserer Umgebung unterscheidet.

Durch die Erziehung, die ab einem gewissem Alter nicht nur durch unsere Eltern, sondern auch durch den Kindergarten oder die Schule mitbestimmt wird, bilden sich in unserer Kindheit dann unsere Werte, aber auch Charaktermerkmale heraus. Dieser Prozess ist eine Konditionierung, ähnlich wie in der Erziehung von Hunden. Durch Verknüpfung von Ursache und Wirkung lernen wir, was z. B. als Konsequenz passiert, wenn ich keine Hausaufgaben mache, mein Zimmer nicht aufräume, meine Kleider dreckig mache, usw. Es bilden sich für Dich unsichtbare Regeln heraus, die Dir bewusst gar nicht zugänglich sind. Es sind die Erfahrungen, die Dich prägen.

Was heißt denn unter diesen Umständen jetzt, „sich selber treu zu sein"? So wie ich in den letzten Abschnitten beschrieben habe, ist es doch eher so, dass vieles, von dem wir glauben, dass es unsere Welt ist, von außen vorgegeben wurde. Die Konditionierungen unserer Kindheit wirken immer noch, genauso wie die Prägung durch unser soziales Umfeld. So gesehen, sind wir eigentlich gar nicht wir selber, sondern ein Produkt der Konditionierungen und Prägungen, die wir erfahren haben. Später machen wir natürlich unsere eigenen Erfahrungen, z. B. in Beziehungen oder beim Arbeiten, unsere Konditionierungen und Prägungen schwingen dabei aber immer mit und bilden quasi die Ausgangsvoraussetzung.

Da bei jedem die Umgebung anders ist, Du eventuell auch einem ganz anderen Kulturkreis entstammst, ist es offensichtlich, dass jeder einer anderen Konditionierung und Prägung ausgesetzt ist und somit jeder die Welt mit eigenen Augen aus einer anderen Perspektive heraus sieht. Ich bin manchmal sehr verwundert, dass heute viele Menschen freiwillig die Perspektive von anderen annehmen und diese in die eigene Welt übernehmen.

Wie machen wir es also, wenn wir jetzt ein Leben führen wollen, welches selbst bestimmt ist in unserem Verhalten und unserer Denkweise? Eigentlich ganz einfach: wir müssen die Konditionierungen lösen, die uns unsere Umgebung mitgegeben hat und eigenständig bestimmen, welchen Weg wir gehen wollen. Uns nicht mehr abhängig zu machen von den von außen vorgegebenen Regeln, die meist als unsichtbare Grenzen in unserem Leben erscheinen.

Da hilft es nur, wenn wir unsere eigene Entwicklung selbst in die Hand nehmen und auf der Ebene der selbst erlebten Erfahrungen unsere Welt bilden. Mögen manche Übungen in dem nachfolgenden Block oberflächlich ganz harmlos sein, im Gesamten ist der Übungsteil ein komplettes Trainingsprogramm, wie Du Deine eigene Persönlichkeit entwickeln kannst. Sei gespannt darauf, was sich alles in Deinem Leben ändern wird, wenn Du selbst darüber bestimmst.

Gewohnheiten

Wie oft denkst Du darüber nach wie Du läufst? Ich ziemlich selten, das habe ich irgendwann mal gelernt und jetzt mache ich das automatisch. Wir haben alle solche automatisch ablaufenden Fähigkeiten, die wir irgendwann einmal gelernt haben und über die wir jetzt nicht mehr nachdenken müssen. Was passiert aber, wenn wir etwas verändern müssen?

Ich hatte viele Jahre ein Mountain Bike mit Käfigpedalen. Das sind Pedalen, die noch einen Käfig haben, in den man mit den Schuhen hinein schlüpft, damit man nicht so leicht von den Pedalen rutschen kann, was im Gelände sehr von Vorteil ist. Um aus diesen Pedalen heraus zu kommen musste ich meine Füße immer nach hinten wegziehen. Das war etwas, über das ich nicht mehr nachdenken musste, ich machte es automatisch. Irgendwann habe ich mir dann einen Traum erfüllt und mir Klickpedalen gekauft. Auch mit diesen Pedalen ist man fest verbunden, aber der Mechanismus ist ein komplett anderer. Vor allem kommt man aus diesen Pedalen nicht raus, wenn man den Fuß nach hinten zieht, sondern nur, wenn man ihn zur Seite dreht. Als ich dann das erste Mal mit meinen schönen neuen Pedalen durch die Gegend gefahren bin, musste ich auch bald an einer Ampel halten. Also, wie sonst auch, ran an die Ampel, stehen bleiben, Fuß aus der Pedale und auf den Fussboden zum Abstützen. Nur der Fuß wollte nicht aus der Pedale. Mir ist dann zwar bewusst geworden, dass ich ihn zur Seite drehen muss statt wie ich es ganz automatisch gemacht habe ihn nach hinten zu ziehen, doch bis mir das gelang lag ich schon auf der Straße. Ab da habe ich mich schon lange vor der nächsten Ampel daran erinnert, dass ich den Fuß zur Seite rausziehen muss und es auch schon gemacht. Auch so habe ich während der Fahrt immer wieder geübt, den Fuß zur Seite heraus zu ziehen. So nach und nach konnte ich es dann wieder automatisch und doch war ich erstaunt, wie viel Aufwand und bewusste Anstrengung auch bei so einfachen Dingen ich betreiben musste, um eine Gewohnheit zu verändern.

Wissenschaftler haben herausgefunden, dass wir in gewohnten Situationen unser Großhirn so gut wie nicht benutzen. Sie haben untersucht wie aktiv das

Gehirn von Pendlern ist, wenn sie wie jeden Tag die Strecke ins Büro fahren. Dabei stellten sie fest, dass fast nur der Hirnstamm aktiv ist und das Großhirn ausgeschaltet ist. Das kann unter anderem sehr gefährlich sein, da wir so nur sehr schwer auf Gefahrensituationen reagieren können.

Unser Gehirn ist wie ein Muskel, wenn wir es täglich trainieren, dann wächst und gedeiht es. Es bildet neue Nervenverbindungen, wir werden intelligenter oder bleiben es zumindest. Nur was passiert, wenn wir zu viel in unserem Leben aus Gewohnheit machen? Dabei nutzen wir ja scheinbar unser Gehirn so gut wie gar nicht. Führt das zu einem Abbau unserer Gehirnleistung?

Unser Körper ist immer darauf aus Energie zu sparen. So baut er Muskeln ab, die wir nicht benutzen. Er lässt auch Nervenbahnen verkümmern die wir nicht benutzen, was so nach und nach dazu führt, dass wir Intelligenz einbüßen. Das hat inzwischen auch die Industrie erkannt, weswegen es im Moment eine Menge so genannter Intelligenztrainer zu kaufen gibt. Kleine Computerspiele die durch bestimmte Aufgaben dafür sorgen wollen, dass unser Gehirn benutzt und trainiert wird. Wenn man eine Zeit lang mit diesen Geräten gespielt hat, dann werden auch die Übungen zur Gewohnheit, was dazu führt, dass dadurch keine neuen Nervenbahnen mehr entstehen. Außerdem widmen sich diese Spiele meistens nur einem sehr begrenzten Bereich des Gehirns. Sie sind so ähnlich wie die Maschinen in einem Fitnessstudio, mit denen man genau einen Muskel trainieren kann. Um den ganzen Körper zu trainieren muss man an einer Menge Geräte üben oder gleich Sportarten machen, die den ganzen Körper stählen. Zusätzlich gibt es dann noch Sportarten, die unsere Koordination, unser Gleichgewicht, unsere Sprungkraft usw. ausbauen. Für alles werden die Muskeln anders beansprucht. Genauso sollten wir auch unser Gehirn unterschiedlichsten Einflüssen aussetzen, um es möglichst universell zu trainieren. Und dazu ist es nie zu spät.

Früher dachten die Wissenschaftler noch, dass sich mit zunehmendem Alter keine neuen Nervenbahnen mehr bilden. Inzwischen wurde herausgefunden, dass auch im hohen Alter noch neue Nervenbahnen entstehen. Das heißt wir können auch bis ins hohe Alter geistig fit bleiben oder sogar geistig fitter werden.

Was denkst Du, bildet am meisten neue Nervenbahnen und neue Verknüpfungen zwischen den Nervenbahnen? Genau, neues Wissen, neues Verhalten, neue Erlebnisse, alles Neue. Wir leben zum Glück in einer Welt, wo es uns wahrscheinlich nie gelingen wird alles zu entdecken, das heißt wir können jederzeit etwas Neues lernen, machen oder erfahren.

Die neuen Verknüpfungen in unserem Gehirn ermöglichen uns nicht nur eine erhöhte Intelligenz, sondern auch eine erhöhte Kreativität und Flexibilität. Wir können plötzlich in Bahnen denken, in denen wir vorher nicht gedacht hätten. Wir stellen Verbindungen zwischen Dingen her, die für uns vorher gar nichts miteinander zu tun hatten. Die dadurch entstehenden Möglichkeiten helfen uns nicht nur beruflich weiter, egal ob wir jetzt angestellt oder selbstständig sind. Es fällt uns generell einfacher Lösungen zu finden, die auch mal sehr ungewöhnlich sein können.

Auch fällt es uns einfacher mit neuen Situationen umzugehen, da wir es gewohnt sind, immer wieder Neues zu machen und zu erleben. Und nicht nur das, wenn wir uns daran gewöhnen immer wieder etwas Neues zu machen, dann sind wir auch die ersten, die bei Trends dabei sind, Trends vielleicht sogar setzen. Kannst Du Dir vorstellen wie Dein Leben aussähe, wenn Du von Anfang an beim Internet dabei gewesen wärst und Amazon oder eBay gegründet hättest? Oder wie sieht es mit anderen Megatrends aus, wenn Du dort von Anfang an dabei gewesen wärst? Wie sähe Dein Leben dann heute aus?

Die Zeiten zwischen neuen Entwicklungen werden immer kürzer und so wird es immer wichtiger, Dein Gehirn darauf vorzubereiten, dass die Welt im ständigen Wandel ist. Es wird immer wichtiger sich für Neues so schnell wie möglich zu öffnen und die Möglichkeiten zu erkennen. Es wird immer wichtiger, dass Du Dein Gehirn dauerhaft trainierst, nicht nur an einer Maschine, sondern möglichst umfassend und in allen Bereichen. Die Komfortzonenübungen aus dem Praxisteil können dazu ein entscheidender Schritt sein.

Veränderung

Sehr viele Menschen tendieren dazu, sich erst dann zu verändern, wenn der Leidensdruck zu groß wird. Sie werden mit einer Situation immer unzufriedener und irgendwann bringt der letzte Tropfen das Fass zum Überlaufen und es muss etwas verändert werden, nur was? Die meisten wissen in so einer Situation sehr genau was sie nicht mehr wollen, nur was wollen sie stattdessen? Sie wissen also nicht wirklich was sie verändern wollen und eigentlich haben sie auch gar keine Lust dazu, wenn es denn bloß nicht so schlimm wäre. Das sind äußerst schlechte Voraussetzungen für Veränderung, denn so macht sie nicht wirklich viel Spass und gleicht eher einem Kampf.

Es gibt aber auch Menschen, denen Veränderung total leicht zu fallen scheint, denen Veränderung sogar Spaß macht. Spannend zu beobachten ist, dass diese Menschen sich ständig verändern, mal in kleinen und mal in großen Schritten. Sie entscheiden selbst wann und was sie verändern wollen und warten nicht erst bis es nicht mehr anders geht. So haben sie auch genügend Zeit unterschiedlichste Wege auszuprobieren und den für sich Besten zu finden. Auch wenn manche Wege momentan eine Sackgasse zu sein scheinen, profitieren sie später doch öfter davon auch diesen Weg einmal ausprobiert zu haben. Sie erkennen, wenn sie Angst davor haben einen Weg auszuprobieren und probieren ihn dann erst Recht. Sie erkennen die Ausreden, die sie davon abhalten wollen und probieren so Wege, die sonst kaum jemand probiert, weil sie zu unbequem sind. So sind sie vielen anderen Menschen meist viele Schritte voraus. Sie haben ihr Leben in der Hand und bestimmen selbst, wo es lang geht anstatt sich von ihm herum schubsen zu lassen.

Ein gutes Beispiel dafür ist Madonna. Sie ist nicht die beste Sängerin, Tänzerin oder Schauspielerin und dem klassischen Schönheitsideal entspricht sie auch nicht, wobei sich darüber ja bekanntlich nicht streiten lässt. Trotzdem ist sie seit 30 Jahren im Musikbusiness erfolgreich. Nebenbei hat sie noch Filme gedreht und einiges mehr ausprobiert. Man sagt, ihr Unternehmen ist eines der sich am schnellsten wandelnden Unternehmen. Wenn man sich ihre Karriere ansieht, dann erkennt man, dass sich Madonna nie sehr schwer damit getan hat ihren Stil komplett zu ändern. Sie ist immer bereit etwas Neues auszuprobieren. Ich weiß leider nicht, wie oft sie etwas Neues ausprobiert hat, von dem wir nichts mitbekommen haben, was aber für sie ein weiterer Abschnitt ihres Lebens war. Sie hat vielfältigste Erfahrungen gemacht. Sie hat sogar verschiedene Religionen ausprobiert, bevor sie sich für eine entschieden hat.

Egal was unsere Motivation ist etwas zu verändern, zu hoher Leidensdruck oder der einfache Wunsch nach einem noch besseren Leben, am Anfang steht immer die Entscheidung. Manchmal wird uns diese Entscheidung abgenommen, wenn z. B. wir entlassen werden. Es gibt Menschen, die sich selbst dann nicht verändern wollen. Die gehen dann weiterhin jeden Tag in die Arbeit oder tun zumindest so anstatt sich um eine neue Stelle zu kümmern oder andere Wege zu finden Geld zu verdienen. Das sind aber zum Glück Einzelfälle.

Nur was, wenn die Entscheidung getroffen ist, wie geht es dann weiter? In welche Richtung? Woran erkenne ich die richtige Richtung? Eins steht erstmal fest, um etwas zu verändern muss ich meine bisherige Welt, meine bisherige Komfortzone verlassen und etwas Neues machen. Dabei ist es erstmal egal was und in welche Richtung. Das Wichtigste ist anzufangen, den ersten Schritt zu machen. Wenn man weiß wo man hin will, tut man sich da natürlich etwas einfacher, wobei es auch da manchmal sehr sinnvoll sein kann, den einen oder anderen Umweg einzulegen. Trotzdem kannst Du mit dem Ziel in Sicht immer wieder kontrollieren ob mit den Schritten die Du gehst Du Deinem Ziel näher kommst oder nicht.

Wenn Du nur weißt, was Du nicht willst aber noch nicht was Du willst, dann gilt es für Dich besonders viel auszuprobieren. Geh mal in die eine Richtung und dann in die andere Richtung. Beschäftige Dich mit Themen, mit denen Du Dich noch nie zuvor beschäftigt hast. Probiere alles aus was Dir möglich ist. Ermögliche Dir so viele Erfahrungen wie möglich und beobachte Dich dabei. Was macht Dir Spaß. Was macht Dir Angst? Was langweilt Dich? Die Dinge die Dich langweilen, kannst Du erstmal vergessen. Die, die Dir Spaß machen, merkst Du Dir. Die, vor denen Du Angst hast solltest Du Dir genauer betrachten. Warum hast Du davor Angst? Ist dadurch Dein Leben wirklich in Gefahr? Was wäre wenn Du keine Angst hast?

Sehr häufig steht unsere Angst unserer Entwicklung im Weg und das Paradies liegt oft hinter der Angst. Um wirklich weiter zu kommen müssen wir uns unseren Ängsten stellen. Natürlich überleben wir heutzutage auch, indem wir den Herausforderungen aus dem Weg gehen, aber das Glück liegt meist hinter den Herausforderungen. Aber das kannst Du nur herausfinden, indem Du es ausprobierst.

Hast Du ein paar Herausforderungen gemeistert? Was hat sich danach für Dich in Deinem Leben getan? Welche Dinge bereiten Dir Spaß? Erkennst Du ein Muster? Du hast Dich jetzt auf den Weg gemacht herauszufinden was Dich wirklich glücklich macht und eins kann ich Dir schon jetzt verraten, der Fernseher ist es nicht. Vielleicht schaffst Du es einen Beruf in die Richtung zu finden, vielleicht reicht es Dir aber auch, Dich so in der Freizeit ein wenig aufzutanken. Die ersten Schritte sind gemacht und jede Veränderung beginnt mit dem ersten Schritt, egal wie groß er ist.

Veränderung und Komfortzone

In den vielen Jahren, in denen ich mich schon mit Veränderung beschäftige, ist mir eines sehr klar geworden: letztendlich ist jede Veränderung ein Verlassen beziehungsweise Erweitern der eigenen Komfortzone. Es fängt im Kleinen an, jede Veränderung hier ist eine Erweiterung der Handlungsmöglichkeiten.

Die Fähigkeit, die am meisten von Komfortzonenarbeit profitiert, ist die Flexibilität. Das bedeutet wiederum nicht, sich wie eine Fahne im Wind drehen zu können. Flexibilität ist die Fähigkeit, sich schnell auf die Dich umgebende Umwelt einstellen zu können. Wieso soll ich mich denn auf die Umwelt einstellen, wirst Du Dich jetzt vielleicht fragen. Das ist im Grunde ganz einfach. Die Flexibilität bestimmt die Möglichkeiten und Deinen Aktionsradius. Je flexibler Du bist, umso mehr Wege stehen für Dich offen.

Transformation und Initiation

Immer wieder kommt es in unserem Leben zu Situationen, in denen wir unsere Komfortzone erweitern, indem wir einen Schritt in einen neuen Lebensabschnitt machen. Das fängt schon mit der Geburt an, raus aus der warmen und beschützten Umgebung, wo wir uns um nichts kümmern mussten. Für alles war immer gesorgt, es war das Paradies. Plötzlich werden wir mit einer sehr viel kälteren Welt konfrontiert, in der wir uns auch noch darum kümmern müssen, dass wir zu unseren Rechten kommen. Am Anfang können wir das nur über das Schreien und die Hoffnung, dass (meistens) unsere Mama versteht was wir wollen. So nach und nach müssen wir uns aber immer mehr selber um unser Leben kümmern.

Die nächste große Erweiterung unserer Komfortzone besteht darin immer weniger Zeit mit der Mama, bzw. den Eltern zu verbringen. Sie sind unsere Bezugspersonen, ihnen vertrauen wir aber sie brauchen auch mal Zeit für sich und so kümmert sich ab und zu ein Babysitter um uns. Dann kommt der Kindergarten und dann die Schule. Die Zeit mit unseren Eltern wird immer weniger, bis wir schließlich ausziehen und ganz auf eigenen Beinen stehen.

Aber auch auf anderen Ebenen sind wir ständig dabei unsere Komfortzone zu erweitern. Am Anfang können wir nur rumliegen und müssen herumgetragen oder im Kinderwagen herum geschoben werden. So nach und nach werden wir aber immer mobiler. Wir lernen uns selbst auf die andere Seite zu legen und so schon ein paar Zentimeter nach links oder rechts zu bewegen. Mal davon abgesehen ändert sich so unsere Wahrnehmung der Umwelt und auch unser Aktionsradius. Irgendwann beginnen wir dann zu krabbeln und dann zu laufen. Unsere Welt wird immer größer und immer größere Teile der Welt können wir selbst erkunden. Der Umgang mit den öffentlichen Verkehrsmitteln und das Fahrrad ermöglicht es uns dann sogar unsere Stadt und vielleicht sogar Städte in der Nähe zu erkunden. Nachdem wir es einmal gelernt haben, schaffen wir das ganz allein und entscheiden selbst was wir sehen wollen. Bald lernen wir auch noch das Auto, die Bahn und das Flugzeug zu nutzen und so liegt uns die Welt zu Füßen. Viele Menschen nutzen das heute schon, um mit dem Rucksack um die Welt zu reisen oder wenigstens einzelne Länder und ihre Bewohner zu erkunden.

Wie sieht es mit unserer gedanklichen Komfortzone, unseren Grenzen im Kopf, aus? Am Anfang müssen wir noch alles glauben, was uns unsere Eltern sagen. Später kommen noch ein paar weitere Erwachsene dazu, die uns sagen wollen was richtig und was falsch ist. In der Schule geht es sogar so weit, dass wir es genauso wiedergeben müssen, um gute Noten zu bekommen. Zum Glück wird uns aber auch beigebracht uns unsere eigene Meinung zu bilden und uns dazu die Informationen überall zu besorgen. Die entscheidendste Fähigkeit dazu ist das Lesen. Bevor wir lesen konnten, hatten wir das Radio, das Fernsehen und die Menschen in unserer Umgebung, die unsere Meinung gebildet haben. Mit dem Lesen steht uns das Wissen der Welt offen. Das Internet ist inzwischen so leicht zu bedienen und voll von Informationen. Aber auch Bücher und Zeitschriften sind für uns inzwischen sehr einfach zu bekommen. Egal was uns interessiert, wir können uns intensiv mit dem Thema beschäftigen und uns unsere Meinung bilden. Das war nicht immer so. Der Möglichkeiten und der Verantwortung sollten wir uns aber stets bewusst sein.

Auch durch unsere Kulturen zieht sich die Erweiterung der Komfortzone schon seit Jahrtausenden. In vielen Naturvölkern gab es so genannte Initiationsriten, die den Übergang von einer Lebensphase in eine andere darstellten. So mussten die Jungen in einigen Indianervölkern das Dorf verlassen und durften erst wieder zurückkehren, wenn sie ein Tier erlegt hatten. Dazu war es nötig, dass sie sich selbst eine Waffe bauen konnten und auch im Umgang mit dieser sehr geschickt waren. Sie mussten Spuren lesen und allein in der Wildnis überleben können. All das hatten sie in den vergangenen Jahren gelernt, sie waren aber vorher nie auf sich allein gestellt. Wenn sie dann mit dem erlegten Tier zurückkommen, sind sie in den Kreis der Männer aufgenommen und waren sehr wahrscheinlich nie wieder auf sich allein gestellt, denn man ging gemeinsam auf die Jagd. Auch heute gibt es noch an vielen Stellen Initiationsriten, z. B. um in eine Studentenvereinigung aufgenommen zu werden, oder eine Gang oder eine Religion.

Dabei unterscheiden sich die Riten sehr. In den Religionen sind es meist nur symbolische Riten, die dem Anwärter keine Erweiterung seiner Komfortzone mehr abverlangen. In Gangs und Studentenvereinigungen sind es meist mehr oder weniger sinnvolle Mutproben oder Sklavendienste mit denen der Anwärter beweisen soll, dass er auch wirklich dazu gehören möchte. Gerade in Gangs gehen die Mutproben meistens in den verbotenen Bereich, z. B. Diebstahl. Die Frage dabei ist, ob der Anwärter dabei wirklich gegen die Angst angeht und so seinen Mut unter Beweis stellt oder nicht eher gegen die Vernunft und so seine Blödheit beweist. Dabei gibt es genügend Möglichkeiten seinen Mut unter Beweis zu stellen, ohne gegen das Gesetz zu verstoßen. Einige findest Du weiter hinten im Praxisteil.

Besonders beliebt sind diese Mutproben bei jungen Männern und genau diese wurden früher durch Initiationsriten geführt. Obwohl es diese in unserer westlichen Welt nicht mehr gibt, scheint es ein Bedürfnis danach zu geben. Früher wurden die Initiationsriten von den älteren Männern des Stammes gesteuert. Sie waren weise und erfahren. In der heutigen Zeit sind es oft gleichaltrige, die sich die Initiationen ausdenken und deren Umsetzung überwachen. Sie sind selber noch fast Kinder und können gar nicht wissen worauf es wirklich ankommt. Die Gefahr ist also sehr groß, dass diese Rituale eher schaden als nützen. Jungen wollen sich beweisen. Sie wollen zeigen, dass sie erwachsen sind. Daraus schöpfen sie auch sehr viel Selbstvertrauen. Daher sollten wir ihnen wieder einen Rahmen geben in dem sie es auf sinnvolle Art und Weise machen können und zu selbstbewussten und vernünftigen jungen Männern heranwachsen. Ein paar Übungen dazu findest Du im Praxisteil. Zum Thema der Jungenerziehung gibt es einige sehr gute Bücher, eine Auswahl findest Du im Literaturteil auf www.komfortzonenbuch.de

Wir alle sind von Anbeginn unseres Lebens mehr oder weniger ständig mit dem Erweitern unserer Komfortzone beschäftigt. Manchmal passiert es ganz automatisch, wie das Laufen lernen, mal bestimmen wir es selber, indem wir bestimmen was wir mal ausprobieren wollen und mal wird es von außen bestimmt, wenn wir z. B. in die Schule müssen. Am Anfang ist unsere Komfortzone noch sehr klein, daher sind wir ständig damit beschäftigt sie auszudehnen. Mit der Zeit entwickelt sie sich zu einer Größe in der und mit der wir leben können. Wir sind nicht mehr so sehr bestrebt sie zu erweitern. Wir glauben zu wissen, was die Welt im Inneren zusammenhält, was richtig und was falsch ist, was uns gefällt und was uns nicht gefällt usw. Wir beginnen uns sicher zu fühlen und lehnen uns zurück. Doch die Sicherheit ist trügerisch. Unsere schnelllebige Welt kann uns die Sicherheit nicht mehr geben, dass morgen noch alles genauso ist wie heute. Von einem Tag auf den anderen kann alles anders sein. Darauf kann man sich nur vorbereiten indem man das Verändern trainiert.

Wenn wir regelmäßig unsere Welt erweitern, Neues erleben, Neues lernen, dann gewinnen wir unsere Sicherheit aus der Veränderung und nicht aus der Kontinuität. Benjamin Britten, ein bedeutender englischer Komponist, Dirigent und Pianist, sagte einmal „Lernen ist wie Rudern gegen den Strom; sobald man aufhört, treibt man zurück.“ Dies war nie aktueller als heute. Doch müssen wir uns davor in Acht nehmen, das nur auf unseren Intellekt zu beziehen und nur diesen mit immer neuem Wissen zu füttern. Wir müssen in allen Bereichen ständig dazu lernen. Wir müssen unseren Körper trainieren und pflegen, denn ein starker und flexibler Körper ermöglicht auch einen starken und flexiblen Geist. Wir müssen unser Sozialverhalten trainieren, unsere emotionale Intelligenz, unsere Kreativität, unsere Flexibilität, unsere Offenheit, wir müssen uns unseren Ängsten stellen usw. All das kannst Du mit den Übungen aus dem Praxisteil erreichen.

Die Heldenreise

Im Laufe meiner Beschäftigung mit Veränderung habe ich bemerkt, dass große Veränderungen oft einer gewissen Systematik folgen. Die üblichen Ratgeber fand ich hier allerdings wenig hilfreich, die meisten verpacken alte Weisheiten in neue Kleider. Fündig geworden bin ich schließlich in einem Buch von 1949 von Joseph Campbell der in „The hero with the thousand faces" („Der Heros in tausend Gestalten") einen so genannten Weg des Helden beschreibt.

Campbell war ein in der damaligen Zeit sehr bekannter Mythenforscher, der die über Jahrtausende entstandenen Mythen wie die von Buddha, Christus, Prometheus, Osiris und viele andere auf eine fundamentale Struktur hin untersucht hat. Diese hat er auch gefunden, sie „Monomythos" genannt und in seinem Buch beschrieben. Ursprünglich sind in seinem Buch 12 Schritte enthalten, die für die Veränderung wesentlichen Inhalte habe ich in 4 Punkten zusammengefasst.

1. Der Ruf des Abenteuers

Zuerst erfährt der Held einen Mangel oder eine Aufgabe wird an ihn herangetragen, entweder von außen oder durch eine veränderte Situation. Diese Aufgabe kann er ablehnen und weiter seinen gewohnten Weg gehen, oder er kann diese Aufgabe annehmen und den Weg des Helden beschreiten. Die Entscheidung ist meist mit einem Zögern verbunden, der Held muss erlangte Sicherheiten aufgeben. Ist diese Entscheidung aber erst einmal getroffen, beginnt der Aufbruch ins Unbekannte, der den Helden jenseits der eigenen Erfahrungssphäre führt, oft auch von gesellschaftlichen Konventionen. In der Mythologie wird es auch so beschrieben, dass der Held die Schwelle zur Unterwelt betritt.

2. Der Weg der Prüfungen

Hat der Held den Ruf des Abenteuers erhört und befindet sich auf dem Weg, sieht er sich nun mit dem Auftauchen verschiedener Herausforderungen konfrontiert. Diese Herausforderungen werden entweder erfolgreich gemeistert, können aber auch von einem anfänglichen Scheitern begleitet sein. Auf diesem Weg begegnet der Held freundlichen und feindlichen Gestalten, die auch als Reflektionen der eigenen Energie gesehen werden können. Natürlich stehen die feindlichen Gestalten dem Lösen der Aufgabe im Weg während die freundlichen Gestalten dem Held helfen, seinen Weg erfolgreich zu gehen und auch große Herausforderungen zu bestehen.

3. Das Erreichen des Ziels

Am Ende des Weges erreicht der Held sein Ziel. In den mythologischen Schriften erhält der Held oft einen Schatz, der die Welt retten kann, ein Elixier oder eine Weisheit. Diese Symbole repräsentieren die innere Erkenntnis, die mit dem Erreichen des Ziels verbunden ist. Es erfolgt damit die Transformation. Der Held zögert nun bei der Rückkehr in die Alltagswelt, kehrt dann aber doch innerlich gereift in diese zurück.

4. Rückkehr in die gewöhnliche Welt

Bei der Rückkehr in die Alltagswelt trifft der Held nun auf Unverständnis der Umgebung. Die beim Erreichen des Ziels erlangte Erkenntnis wird integriert, angewendet und hilft dem Held nun auch in der alltäglichen Welt, sein Leben zu bereichern. Diese Erkenntnis kann auch dazu beitragen, die Welt zu verbessern.

Das Buch von Joseph Campbell war nie ein Bestseller, auch Joseph Campbell war zu Lebzeiten wenig bekannt. Dabei richten sich auch heute noch viele moderne Erzählungen nach dem Weg des Helden. Aufmerksam wurde beispielsweise die Filmindustrie, als Christopher Vogler, ein Spezialist für Drehbücher, ein Buch über das Buch von Joseph Campbell schrieb. Dieses Buch fand regen Anklang bei den Drehbuchautoren in Hollywood und zahlreiche Filme beruhen auf dieser Struktur der Heldenreise, beispielsweise die Star Wars Reihe von George Lucas.

Mit dem Lesen dieses Buches hast Du schon angefangen, Dich auf die Heldenreise zu begeben. Den Ruf des Abenteuers hast Du erhört, nun folgt die Zeit der Prüfungen...

Umgang mit den Übungen

Ich habe mir viele Gedanken darüber gemacht, welche Übungen ich in dieses Buch mit aufnehme und wie ich sie aufeinander abstimme. Mein Ziel war es, die Übungen so aufeinander abzustimmen, dass man leicht von einer Übung zur nächsten gehen kann, ohne wirklich zu merken, dass man schon längst seine Komfortzone verlassen hat. Da jeder Mensch anders ist, habe ich die Reihenfolge so gewählt, wie es für die meisten, die die Übungen getestet haben, am Einfachsten war.

Mache die Übungen wenn möglich in der vorgegebenen Reihenfolge. Falls Dir zwischendurch eine Übung doch zu schwer erscheint, dann mache mit den nächsten Übungen weiter. Merke Dir die übersprungene Übung und mache sie sobald Du Dich dafür bereit fühlst. Du solltest wirklich jede Übung machen.

Wie in der Einleitung schon angedeutet ist es hilfreich, wenn Du Dich vor, während und nach der Übung beobachtest. Dabei helfen Dir die folgenden Fragen:

- Wie ist es mir vor der Übung gegangen? Was habe ich gedacht und gefühlt?
- Wie ist es mir während der Übung gegangen? Was habe ich gedacht und gefühlt?
- Wie geht es mir nach der Übung? Was denke und fühle ich?
- Wenn ich die Übung noch einmal machen muss, wie denke und fühle ich mich dann?

Erkennst Du Gemeinsamkeiten zwischen den einzelnen Übungen? Erkennst Du Muster in Deinem Verhalten? Erkennst Du Strategien, wie Du mit neuen Situationen umgehst?

Ich habe durch die Komfortzonenübungen zum Beispiel erkannt wie ich mich verhalte und vor allem was ich denke, wenn ich vor etwas Angst habe. Meine Gedanken haben nichts mit der Situation direkt zu tun, sind aber immer ähnlich, wenn ich Angst verspüre. Inzwischen erkenne ich einfach an diesen Gedanken die aufkommende Angst. Jetzt kann ich überlegen, was es sein könnte und mich dann der Situation stellen. So habe ich teilweise große Schritte in meiner persönlichen Entwicklung gemacht.

Mache die Übungen so wie beschrieben und probiere dann auch die Variationen aus. Vielleicht fallen Dir auch noch eigene Variationen ein.

Bei dieser Art von Übung ist die Erfahrung des eigenen Erlebens sehr wichtig und notwendig. Du kannst vor der Übung nicht mit Deiner Logik abschätzen, was die Übung für Dich bringen wird. Das ist ja mitunter das Spannende am Leben, dass es nicht vorhersehbar ist.

Die Entscheidung, diese Übungen durchzuführen, liegt bei Dir.

DIE ÜBUNGEN

1 Kontakt mit anderen

Der Kontakt mit anderen ist eine der grundlegenden Fähigkeiten für ein tolles Leben, daher gleich ganz viele Übungen dazu am Anfang.

1.1 Augenkontakt! - Eye of the tiger!

Kommunikation findet auf sehr vielen Ebenen statt. Dabei unterscheidet man zwischen der verbalen und der nonverbalen Kommunikation. Vielen Menschen ist nicht bewusst, dass dabei die nonverbale Kommunikation die größere Bedeutung hat. Wer kennt das nicht? Du siehst jemanden und weißt sofort, ob er Dir sympathisch ist oder nicht, dazu muss er noch kein Wort gesagt haben.

Obwohl die nonverbale Kommunikation so wichtig ist, beschränkt sich unsere Kommunikation mehr und mehr auf die verbale Kommunikation, da wir immer mehr technische Mittel zur Kommunikation nutzen. Über ein Telefon oder Handy lässt sich nun mal nur Sprache übertragen, bis jetzt. Dabei bleiben wenigstens nonverbale Anteile wie Tonalität, Sprechgeschwindigkeit usw. erhalten. In eMails oder im Chat gehen selbst diese Informationen verloren und man versucht sie durch Smileys und kryptische Abkürzungen zu ersetzen. Scheinbar ist die nonverbale Kommunikation trotz Technik weiterhin wichtig.

Wie schon das Sprichwort „Die Augen sind der Spiegel zur Seele.“ sagt, nehmen die Augen in unserer nonverbalen Kommunikation einen sehr hohen Stellenwert ein. Umso erstaunlicher ist es, dass sich immer weniger Menschen ansehen. Sie scheinen Angst davor zu haben jemandem in die Augen zu sehen, vielleicht sogar davor dadurch im tiefsten Inneren erkannt zu werden. Es gibt aber auch Menschen, die den Blickkontakt suchen und auch halten, was nie aufdringlich, sondern eher interessiert wirkt. Meistens sind es genau diese Menschen, von denen man sagt, dass sie Ausstrahlung, bzw. Charisma haben. Von ihnen fühlen wir uns wahrgenommen und verstanden.

Aufgabe:

Schaue den Leuten in die Augen, egal ob es Gesprächspartner sind oder jemand, der auf der Straße an Dir vorbeiläuft. Lerne, den Augenkontakt zu halten und beobachte den Gesichtsausdruck, nachdem der andere den Blickkontakt abgebrochen hat. Am meisten lernst Du, wenn Du den Augenkontakt zu den Leuten suchst, die für Dich Ausstrahlung und Charisma besitzen. Versuche ein Gefühl für den richtigen Blick zu entwickeln, starre nicht, blinzle zwischendurch. Lass Dir einen netten Spruch einfallen, falls Dich jemand darauf anspricht.
Mache diese Übung mindestens 4 Wochen lang.

Variationen:

- Denke, während Du den Leuten in die Augen siehst, an unterschiedliche Dinge. Sieh es z. B. als Wettkampf, wer am Längsten den Blickkontakt hält.

- Ein anderes Mal überschütte Deinen Gegenüber in Gedanken mit ehrlichen Komplimenten oder denke schlecht über ihn. Beobachte was das mit Dir, Deinem Gegenüber und Eurem Umgang miteinander macht.

1.2 Lächle fremde Leute an! - Just smile!

Im kulturellen Kontext der westlichen Welt ist die Ernsthaftigkeit eines der führenden Prinzipien. Ganz anders ist dagegen der Kontext in den asiatischen Ländern, dort wird viel mehr gelächelt. Dabei beschränkt sich das Lächeln nicht nur auf den Erstkontakt, sondern es wird in nahezu allen Situationen gelächelt.

Wer einmal einen Asiaten gesehen hat, der bei 35°C mit einem Grinsen im Gesicht sein Moped schiebt, weil ihm der Sprit ausgegangen ist, der weiß, was ich meine...

Einem Lächeln kann sich nahezu niemand verschließen. In der Psychologie ist außerdem seit langem bekannt, dass ein Lächeln viele positive Auswirkungen auf die eigene Psyche hat.

Beachte bei der Übung, dass es wirklich ein Lächeln ist, das von Innen heraus kommt und nicht aufgesetzt ist.

Aufgabe:

Schenke die nächsten 4 Wochen lang allen Menschen die Dir begegnen ein echtes Lächeln. Das Lächeln soll dabei aus Deinem Inneren kommen. Beobachte dabei die Wirkung auf die andere Person und ihre Reaktion. Setze das Lächeln auch in scheinbar schwierigen Situationen ein, die im Beruf oder Alltag auftauchen.

Variationen:

- Suche Kontakt zu Personen, mit denen Du jetzt vielleicht noch Berührungsängste hast und schenke diesen Leuten ein Lächeln.
  Lächle auch die Leute an, mit denen Du telefonierst.

1.3 Rufe alte Freunde an! - Call me!

Im Laufe Deines Lebens hast Du schon viele Leute kennen und schätzen gelernt und viele haben Dich auf Deinem Weg ein Stück begleitet. Manche von diesen Personen hast Du wahrscheinlich mehr oder weniger unabsichtlich wieder aus den Augen verloren.

Oft ist es nur die eigene Bequemlichkeit, die uns davon abhält, unsere alten Kontakte wieder aufleben zu lassen. Umso größer ist dann die Freude, wenn man es doch wieder getan hat und mit den alten Freunden über die alten Zeiten sprechen kann. Nebenbei ist es ein sehr guter Abgleich der eigenen Lebensentwicklung.

Dein Leben ist bestimmt durch verschiedene Lebensabschnitte, z. B. die Schule, das Studium oder die Ausbildung und den Beruf. Hast Du schon einmal bemerkt, dass Du in jedem Lebensabschnitt jeweils andere Personen kennengelernt hast? Je größer Deine Flexibilität ist, Personen und Erfahrungen aus den verschiedenen Lebensabschnitten in Dein momentanes Leben zu integrieren, umso vielfältiger wird es sein.

Aufgabe:

Mache Dir eine Liste mit Freunden, die Du schon lange kennst, aber zu denen Du schon eine Weile keinen Kontakt mehr hattest. Berücksichtige dabei auch Deine verschiedenen Lebensabschnitte (Schule, Studium, Beruf). Rufe mindestens 10 davon an und mache ein Treffen mit ihnen aus.

Variationen:

- Mache eine „Old School" Party mit den alten Freunden.
- Mache das gleiche auch mit Schulkameraden.

1.4 Schreibe Briefe! - The postman always rings twice!

Kommunikation zwischen Menschen war schon immer dazu gedacht, dem anderen auch Wertschätzung entgegen zu bringen. Die Kommunikation heutzutage hat sich durch die technischen Möglichkeiten massiv verändert. Wir können einander eMails senden, miteinander chatten, übers Internet telefonieren, SMS schreiben oder über Handy und Festnetz telefonieren. Die Kommunikation ist damit zwar schneller und günstiger, allerdings ist sie auch viel flüchtiger geworden und meist ist sie dadurch auch noch reduziert.

Das Verfassen eines handschriftlichen Briefes benötigt zwar Zeit, bringt dafür aber auch viele Vorteile mit sich. Du machst die Kommunikation wieder persönlicher und Du machst Dir auch mehr Gedanken, was Du der anderen Person wirklich sagen möchtest. Und ich kenne niemanden, der sich über einen handschriftlichen Brief nicht freut.

Aufgabe:

Schreibe bei Dir wichtigen Kommunikationspartnern handschriftliche Briefe und nimm Dir Zeit dafür.

Variationen:

- Schreibe Postkarten von Orten, die Du besuchst.
- Schreibe mal mit einem Fineliner, mal mit einem Kugelschreiber und auch mal mit einem guten Füller. Vielleicht hast Du ja sogar eine Feder, dann schreibe auch mal mit dieser.
- Schreibe für jemand eine schöne Geschichte auf Postkarten und lasse ihm alle paar Tage den nächsten Teil zukommen.

1.5 Lass Dich beraten! - Change your style!

Jeder von uns trägt, durch die bestimmte Art sich zu kleiden, etwas von seinem Innenleben nach außen, ob bewusst oder unbewusst. Weißt Du, was für eine Wirkung Du mit Deiner Kleidung bei anderen erzielst? Ich halte es für sinnvoll, öfters mal eine fremde Einschätzung über diese Wirkung einzuholen.

Du findest in Bekleidungsgeschäften Deine eigenen kostenlosen Typberater, die sich professionell mit der Thematik auseinandersetzen. Was liegt also näher, sich eben von diesen auch beraten zu lassen?

Wenn Du das ein paar Mal gemacht hast, hast Du viel über Dich und einen guten Stil gelernt. Vielleicht auch, wie Du Dich in unterschiedlichen Situationen am Vorteilhaftesten kleidest und wie Du dabei auf die Umgebung wirkst.

Beachte dabei, dass es sich letztendlich um persönliche Meinungen handelt und Du jedes Recht hast, Deinen eigenen Stil zu haben.

Aufgabe:

Gehe beim nächsten Kleiderkauf in ein Geschäft und lasse Dich vom Verkaufspersonal beraten. Wähle mal Verkäufer aus, die Dir sympathisch sind und welche, die Dir nicht sympathisch sind. Lasse Dich ausführlich beraten und probiere unterschiedliche Stile aus. Welcher Stil passt in welcher Situation am besten zu Dir und warum? Finde heraus, welche positiven Seiten an Dir durch die Kleidung hervorgehoben werden sollten und wie.

Variationen:

- Gehe in Geschäfte, in denen Du vorher noch nicht warst oder die auf den ersten Blick nicht zu Deinem bisherigen Style passen.
- Gehe in Geschäfte mit unterschiedlichen Preisniveaus, von ganz billig bis ganz teuer.
- Mache das Gleiche beim Schuhkaufen und beim Friseur.

1.6 Lerne Deine Nachbarn kennen! - Welcome to the neighbourhood!

In meinen Leben bin ich bislang schon oft umgezogen. Ich kann mich noch gut an meine Kindheit erinnern, die ich in einem Dorf verbrachte. Dort wohnte ich nahezu die ganze Zeit im gleichen Haus, kannte alle Kinder in der Umgebung und ich habe auch sehr viel Zeit mit diesen verbracht. Inzwischen habe ich meine Umgebung schon mindestens 7-8 mal durch einen Umzug verändert und jedes Mal stand ich vor der Aufgabe, mich in der neuen Umgebung zurecht zu finden.

Bislang habe ich immer die Gelegenheit genutzt und habe mich meinen Nachbarn persönlich vorgestellt. Dabei habe ich einige nette Erfahrungen gemacht, auf ablehnende Haltung bin ich noch nie gestoßen. Sehr überraschend war es für mich dann, als ich mal in meinen Bekanntenkreis herumgefragt habe. Dort kennen leider viele ihre Direkten Nachbarn nicht und stellen sich bei einem Umzug auch nicht vor. Gerade in den Großstädten scheint es sehr verbreitet zu sein, immer anonymer zu leben.

Aufgabe:

Lerne innerhalb von 2 Wochen Deine umliegenden Nachbarn kennen, falls Du sie nicht schon kennst. Falls Du die Nachbarn im eigenen Haus schon kennst, nimm diese Übung als Anlass, Deine nähere Umgebung zu erkunden.

Variationen:

- Veranstalte eine Hausparty, zu der Du alle Deinen Nachbarn einlädst oder die Ihr zusammen organisiert.
- Falls Du schon lange am gleichen Ort wohnst: dehne das Kennenlernen auf die weitere Umgebung aus, z. B. Geschäfte, Sportclubs usw.

1.7 Verteile ehrliche Komplimente! - Giving compliments!

Immer wieder fällt mir auf, wie leicht es den meisten Leuten fällt, sich über andere Menschen aufzuregen, ihnen Vorwürfe zu machen oder sie sogar zu beschimpfen. Für uns ist das sogar schon so normal geworden, dass es für viele schwer ist, Komplimente zu machen oder zu empfangen. Wenige wissen überhaupt noch wie man Komplimente macht. Den wenigsten fällt überhaupt auf, wofür sie ihrem Gegenüber ein Kompliment machen können.

Es sind also mehrere Schritte nötig, um Komplimente zu machen. Erstmal muss man seinen Gegenüber genau beobachten. Was fällt Dir besonderes bei ihm/ihr auf? Wo hat er/sie sich besondere Mühe gegeben, um z. B. besonders gut auszusehen? Welche Glaubenssätze bestimmen seine/ihre Welt, die durch ein wohlplatziertes Kompliment abgeschwächt oder verstärkt werden können? Um Deine Aufmerksamkeit zu trainieren kannst Du auch Übung 1.15 nutzen.

Durch diese Übung lenkst Du Deine Aufmerksamkeit auf die positiven Dinge Deines Gegenübers und machst auch Deine eigene Welt wieder positiver. Aus dem Hawaiianischen kommt das Sprichwort „Energie folgt der Aufmerksamkeit." Wohin lenkst Du Deine Energie?

Aufgabe:

Verteile mindestens 4 Wochen jeden Tag ehrliche Komplimente an Deine Mitmenschen.

Variationen:

- Verteile mindestens 5 (10, 20, ...) ehrliche Komplimente am Tag.
- Verteile Deine Komplimente auch an fremde Menschen auf der Straße, an der Supermarktkasse usw.

1.8 Sei interessant und interessiert! - Live dialogue!

Kennst Du die Menschen, denen man einfach an den Lippen hängt, denen man am liebsten noch ewig zuhören würde? Kennst Du auch Menschen, wo Du komplett auftaust und denen Du alles erzählst, obwohl Du ihnen gerade erst begegnet bist? Du hast das Gefühl, dass sie sich für Dich und was Du sagst interessieren. Du kannst lernen Beides zu sein, ein interessanter und ein interessierter Mensch.

Wir haben alle in unserem Leben schon Dinge erlebt, die uns besonders machen. Die Meisten sind sich dessen nur nicht bewusst. Daher fällt es Ihnen schwer, sich selbst interessant zu finden, was die Voraussetzung ist, um auch für andere Menschen interessant zu sein. Allerdings kennst Du wahrscheinlich auch Menschen, die sich sehr interessant finden, wo Du aber einfach nur gelangweilt bist und so schnell wie möglich weg möchtest. Es reicht also nicht, nur sich selbst interessant zu finden, um interessant zu sein. Eine weitere Voraussetzung ist es auch, interessiert zu sein. Nur wenn Du an Deinem Gegenüber interessiert bist, kannst Du wahrnehmen ob er sich dafür interessiert, was Du ihm erzählst. Nutze Deine Wahrnehmung und verändere die Art und Weise wie Du erzählst und was Du erzählst so lange, bis Du echtes Interesse bemerkst. Du wirst sehr schnell feststellen, dass es Dinge gibt die immer funktionieren und andere, die nur in bestimmten Situationen funktionieren. Eine der Fähigkeiten, die so gut wie immer funktionieren hast Du schon in Aufgabe 1.1 erfahren. Auch Aufgabe 1.2 ist sehr hilfreich.

Aufgabe:

Sorge durch interessante Gespräche dafür, dass sich Deine Gesprächspartner gerne und lange mit Dir unterhalten. Zwei Stunden ist eine gute Zeit für ein tiefergehendes Gespräch. Sei dabei einmal der interessante Gesprächspartner und dann auch mal wieder der mehr am Anderen interessierte Gesprächspartner. Entwickle eine Balance von Selbstdarstellung und Interesse für den Gesprächspartner.

Variationen:

- Führe solche Gespräche auch mit charismatischen Personen.
- Übe das Gleiche auch am Telefon.
- Erzähle Kindern Geschichten so, dass sie Dir gerne und aufmerksam zuhören.

1.9 Unangenehme Anrufe machen! - Call the devil!

Wer kennt das nicht? Ein unangenehmer Anruf wird schon seit Tagen vor sich her geschoben und man findet immer andere Aufgaben, die vermeintlich wichtiger sind. Sei es der Anruf beim Finanzamt, bei einem speziellen Kunden, beim Lieferanten, beim Chef, für die Akquise, ...

Ich kenne einen Fall, bei dem eine Freundin 25 Kundenanrufe vor sich her geschoben hat. Nie schien der Tag geeignet, war genügend Zeit, oder es waren zu viele Störungen außen herum. Und irgendwann waren so viele Anrufe zu erledigen, dass sie einen ganzen Tag dafür reservieren musste. Sehr interessant war, dass sie nach den 25 erledigten Anrufen am liebsten gleich noch einmal so viele Anrufe gemacht hätte und mit einem sehr positiven Gefühl nach Hause ging. Das war übrigens das letzte Mal, dass sie einen Anruf aufgeschoben hat.

Anstelle des Handelns tritt hier eine Ausweichstrategie in Kraft. Diese Ausweichstrategie muss aber gar nicht sein. Je schneller der Anruf erledigt wird, umso schneller ist auch Dein Kopf wieder frei für die wichtigen Sachen. Mir ging es früher so, dass ich oft noch viele andere Aktivitäten eingeschoben habe, die zwar irgendwann gemacht werden müssen, eigentlich aber nur dem Aufschub gedient haben.

Es gibt eine einfache Regel: sobald Du bei Dir nur das kleinste Anzeichen von Unwohlsein entdeckst, mache den Anruf sofort auf der Stelle. Versuche so viele Anrufe zu machen, wie Du kannst. Je mehr Du darin geübt bist, das Unwohlsein sofort durch Dein Handeln zu beseitigen, umso mehr wird sich das Verhalten auch auf andere Situationen übertragen und Dich zu einem noch aktiveren Menschen machen.

Denke bei Deinen Anrufen immer an Aufgabe 1.2. Lächeln.

Aufgabe:

Erstelle eine Liste mit allen Anrufen, die Du erledigen musst oder schon länger vor Dir herschiebst. Telefoniere die Liste sofort ab und fühle Dich gut dabei.

Variationen:

- Was ist Dir noch unangenehm zu tun? Erstelle eine Liste und erledige sie.
- Wenn Aufgaben bei Dir ein Unwohlsein auslösen, erledige sie sofort!

1.10 Gemeinsam Kochen! - Cooking group!

Es gibt immer weniger Menschen, die Spaß am Kochen haben. Fertiggerichte halten vermehrt Einzug in unser Leben. Außerdem essen wir immer öfter allein, manchmal auch mit unserer Familie. Wenn wir mal mit Freunden essen, dann meistens auswärts. Dabei macht es so viel Spaß gemeinsam zu kochen, sich dabei zu unterhalten, voneinander Kniffe zu lernen und dann das gemeinsame Werk zu genießen.

Zu Hause ist es meistens viel gemütlicher als in einer Gaststätte und wenn alle mit anpacken, gelingt ein Essen auch schnell und einfach.

Aufgabe:

Organisiere einmal im Monat oder öfter einen gemeinsamen Kochevent mit Freunden, Bekannten oder auch Fremden. Überlegt Euch vorher was Ihr kochen wollt und wer was kocht. Erstellt ein Menü, dass aufeinander abgestimmt ist. Kocht auch in Richtungen, in die Ihr noch nie gekocht habt oder auch, was Ihr noch nie gegessen habt.

Variationen:

- Macht nach dem Essen einen Spieleabend.
- Gebt jedem Abend ein Thema, z. B. thailändisch kochen.

1.11 Organisiere eine Party, bei der sich die Gäste gegenseitig füttern müssen! - No hands, please...!

Hast Du schon bemerkt, dass viele Partys mehr oder weniger in der Küche stattfinden? Warum dann nicht das Essen zu etwas Außergewöhnlichem machen und der Party einen extra Pepp verleihen?

Für schüchterne Menschen ist das nebenbei noch eine sehr gute Möglichkeit, Leute auf eine etwas andere Weise kennen zu lernen. Entweder sprechen sie die Leute an oder sie hungern den Abend.

Aufgabe:

Organisiere eine Party, bei der die Gäste nicht mit den eigenen Händen essen dürfen. Entscheide selber, ob Du dies vorher ankündigst oder nicht.

Variationen:

- Man darf nur einmal vom gleichen Gast gefüttert werden, so dass jeder Gast mal mit jedem spricht.
- Essen gibt es nur, nachdem eine Aufgabe erfüllt ist, z. B. der zu Fütternde muss sich interessant vorstellen oder eine interessante Geschichte aus seinem Leben erzählen.
- Lasse die Gäste kein Besteck benutzen.
- Füttert Euch nur mit der schwächeren Hand.

1.12 Umarme Menschen! - Free hug campaign!

In Zeiten des Internets, mit der Kommunikation über eMail/Chat/SMS werden die Direkten Kontakte mit anderen Menschen immer weniger.

Wie es anders geht, zeigt ein mittlerweile sehr bekanntes Video auf Youtube, die Free Hug Campaign.

Die erste Herausforderung besteht darin, mit einem Schild mit der Aufschrift „Kostenlose Umarmungen" durch eine belebte Gegend zu laufen. Dann musst Du Menschen dazu motivieren, Dich zu umarmen und damit körperliche Nähe zulassen. Kommen Menschen von alleine auf Dich zu, umarme sie auf jeden Fall herzlich und freudig, egal um wen es sich handelt. Das Sahnehäubchen ist am Ende das Verteilen der anderen Schilder, was im Normalfall zu einer „Umarmungs-"Epidemie führen sollte...

Aufgabe:

Erstelle mehrere Schilder mit der Aufschrift „kostenlose Umarmungen", mindestens im A3-Format. Jetzt alle noch jeweils auf einen Karton kleben und los geht's. Gehe damit in eine belebte Gegend wie Einkaufsstraße, Einkaufszentrum oder ähnliches und sammle so viele Umarmungen wie möglich. Motiviere andere Menschen, damit sie Dich umarmen, dass kann am Anfang mitunter etwas dauern, fällt danach aber umso leichter. Verteile die Schilder an die anderen Wagemutigen, die genauso viel Spaß in ihrem Leben haben wollen.

Variationen:

- Erfinde Deine eigenen Variationen, die sich für Dein Umfeld (Firma, Party, usw.) eignen.

1.13 Stehe zu Deiner Meinung! - Stand up and fight!

Vielen Menschen fällt es schwer, in Diskussionen oder ähnlichen Situationen ihre Meinung zu äußern und sie zu verteidigen. Leider kann dadurch vieles an Wissen und Erfahrungen nicht entsprechend genutzt werden.

Ein sehr intelligenter Kollege von mir hatte genau dieses Problem. Er saß in Meetings und hatte im Kopf gute Ideen. Leider traute er sich nicht, diese laut zu äußern. Zum Glück hat er sie mir nach den Besprechungen anvertraut, so dass wir diese doch noch bei uns verwenden konnten. Erst nach und nach bemerkte er, wie gut seine Ideen waren.

Falls Du Dich wiedererkannt hast, ist es umso wichtiger für Dich, die folgende Übung zu machen. Zusätzlich schulst Du Dich in Rhetorik und stärkst Deine Ausstrahlung.

Aufgabe:

Finde jemanden, mit dem Du diskutieren kannst. Bereitet Euch auf ein Thema vor, wobei Du die eine Seite vertrittst und der Freund die andere. Wenn Du sicher bist, werde mutiger und fange an, in Besprechungen, Unterhaltungen, Diskussionen, Familiendebatten, usw. Deine Meinung zu äußern und durch Argumente zu überzeugen. Achte darauf, Dein Umfeld nicht zu sehr zu überfordern.

Variationen:

- Schließe Dich einem Debattierklub an.
- Sprich bei Wahlen die Vertreter der Parteien an, die in den Fußgängerzonen stehen und diskutiere mit ihnen.
- Äußere Deine Meinung in Foren, Blogs und Social Networks im Internet.

1.14 Fremde Leute ansprechen! - Talk and listen!

Immer wieder lerne ich Menschen kennen, denen es schwer fällt, jemanden nach dem Weg oder der Uhrzeit zu fragen. Dabei ist es doch eine gute Möglichkeit, interessante Menschen anzusprechen und kennen zu lernen.

In einem Buch habe ich einmal gelesen, dass jeder Mensch, der uns über den Weg läuft eine Botschaft für uns hat. Um diese Botschaft zu erhalten müssen wir allerdings mit ihnen sprechen, bzw. sie ansprechen. Anfangs tat ich mich damit sehr schwer aber so nach und nach fand ich heraus, dass das Buch Recht hat. Noch spannender fand ich, dass jeder Mensch interessant ist und ich von jedem irgendwas lernen kann, Direkt oder inDirekt.

Wenn Du Dich auf diese Übung einlässt, wirst Du nicht nur die Menschen besser kennenlernen, wie sie denken und fühlen, sondern Du wirst auch immer wieder auf Anregungen stoßen, die Dich in Deiner momentanen Lebenssituation voran bringen. Du wirst feststellen, wie interessant und inspirierend die Sichtweisen anderer Menschen sein können und sicher das Eine oder Andere in Dein Leben integrieren.

Aufgabe:

Sprich fremde Menschen überall an.

Fortgeschritten:

Interviewe fremde Menschen. Frage sie was sie im Moment beschäftigt, was sie denken und fühlen. Frage sie nach bedeutenden Erlebnissen in ihrem Leben und wie diese Erlebnisse sie verändert haben. Frage sie nach ihrer Meinung zu Dingen, die Dir gerade durch den Kopf gehen. Denke Dir weitere Interviewthemen aus und interviewe die Menschen dazu.

Variationen:

- Sprich fremde Menschen an, die Dir immer wieder begegnen, z. B. jeden Morgen in der U-Bahn.
- Sprich fremde Menschen an, die Dir sympathisch erscheinen, vielleicht nachdem Du Übung 1.1 oder 1.2 gemacht hast.

1.15 Die Welt des Popcorns! - Popstar!

In der Kommunikation mit anderen Menschen ist die Aufmerksamkeit, die man ihnen entgegen bringt, einer der wichtigsten Punkte. Jeder freut sich, wenn man mitbekommt, dass er eine neue Frisur, eine neue tolle Hose hat, oder sich anderweitig positiv verändert hat.

Aufmerksamkeit kann geschult werden. Aufmerksam zu sein kannst Du durch unterschiedlichste Übungen lernen. Hier findest Du einige Beispiele.

Aufgabe:

Mache Dir eine große Tüte Popcorn. Nimm ein Popcorn heraus und betrachte es genau. Fotografiere es von allen Seiten und packe es wieder zurück in die Packung. Schüttele, so dass Du es nicht mehr siehst und fange an, genau dieses Popcorn wieder zu finden. Wenn Du meinst, es gefunden zu haben, vergleiche es genau mit den Fotos. Mache die Übung so oft, bis Du das Popcorn leicht wiederfindest.

Variationen:

- Lass einen Freund oder Bekannten Deinen Arbeitsweg gehen und markante Stellen fotografieren. Lasse Dir die Bilder zeigen und finde heraus wo das Foto gemacht wurde. Lass erst größere Objekte wie Häuser oder Kreuzungen fotografieren und wenn das gut funktioniert immer kleinere Objekte. Meiner Freundin ist z. B. erst nach einigen Monaten aufgefallen, dass an der großen Hauptstraße, wo sie täglich lang läuft eine öffentliche Toilette ist.

- Male/Beschreibe ein Zimmer Deiner Wohnung möglichst genau. Wenn Du mit anderen unterwegs bist und ihr an jemandem vorbei gelaufen seid, dann beschreibt ihn Euch gegenseitig. Was hatte er an, welche Haar- oder Augenfarbe hatte er usw. Beschreibt möglichst detailliert.
- Lasse Dir eigene Übungen einfallen, mit denen Du Deine Aufmerksamkeit schulst.

1.16 Erstelle eine Kontaktanzeige - eMail for you!

Kontaktanzeigen gibt es in unterschiedlichen Formen. Nicht nur bei der Suche nach einem Partner kannst Du diese Form der Kommunikation nutzen. Auch wenn Du beispielsweise einen Sportpartner suchst, Leute zum Weggehen , Musik machen oder einfach nur neue Leute kennen lernen willst, ist eine Kontaktanzeige sehr gut geeignet.

Ziel dieser Übung ist es, ganz viele Kontaktmöglichkeiten kennen zu lernen. In Übung 1.8 hast Du gelernt, wie Du für andere Personen interessant sein kannst. Nutze diese Fähigkeiten bei dieser Übung. Je öfter Du auf diese Art und Weise Kontakt knüpfst, desto versierter wirst Du im Umgang damit und umso leichter fällt es Dir auch, Deine sympathische Art in eMails rüberzubringen.

Aufgabe:

Erstelle eine Kontaktanzeige und sei gespannt, was für Feedback kommt. Achte beim Schreiben darauf, dass Du die Zielgruppe ansprichst, die Du auch ansprechen möchtest.

Variationen:

Nutze verschiedene Internet-Portale wie www.new-in-town.de, www.kijiji.de, www.twotickets.de, www.single.de, usw.

- Antworte auf Kontaktanzeigen.

1.17 Krankenbesuch! - Lonely people!

Falls Du schon einmal im Krankenhaus warst, weißt Du vielleicht, dass es manchmal auch sehr einsam sein kann. Manche haben das Glück, öfter besucht zu werden. Was ist mit denen, die dieses Glück nicht haben?

In mehreren Studien wurde festgestellt, dass gute Gefühle den Genesungsprozess wesentlich beschleunigen. Heute gibt es schon Clowns, die zu Patienten geschickt werden, meist zu Kindern. Aber nicht nur Clowns können gute Gefühle auslösen, das ist genauso für Dich möglich.

Aufgabe:

Besuche eine fremde Person im Krankenhaus oder Altenheim und bringe Ihr Blumen oder ein anderes Präsent. Mache das ein paar Wochen lang einmal die Woche. Frage Krankenschwestern oder Betreuer nach Personen, die am wenigsten Besuch bekommen oder keine Angehörigen mehr haben. Besuche diese, unterhalte Dich mit ihnen und mache ihnen gute Gefühle.

Variationen:

- Lasse Dir die Höhepunkte ihres Lebens erzählen.
- Lasse Dir ihre Lebensgeschichte erzählen. Gerade bei älteren Menschen kannst Du viel dabei lernen.
- Spiele im Kindergarten oder Heimen mit Kindern.

1.18 Kuschelparty! - Get in touch!

Die meisten Menschen haben sich nie wirklich Gedanken über Berührungen gemacht, obwohl sie doch für unser menschliches Wohlbefinden so wichtig sind. Jeder von uns kommt mit verschiedenen Bedürfnissen auf die Welt und eines davon ist das Bedürfnis nach Berührung und Körperkontakt.

Obwohl uns Körperkontakt so wichtig ist, scheuen sich manche davor ihn zuzulassen. Die Berührungen sind aber nur ein Aspekt einer Kuschelparty. Außerdem kannst Du auf einer Kuschelparty auch lernen, mit einem Nein umzugehen. Auf einer Kuschelparty ist jeder angehalten, nur das zu machen, was ihm zusagt. Wenn jemand nicht mit Dir kuscheln möchte, dann wird er Dir das auch unmissverständlich klar machen. Dass das nichts mit Dir persönlich zu tun hat, wirst Du sehr schnell feststellen. Zusätzlich hast Du die Möglichkeit auf einer Kuschelparty viele neue Menschen auf einem ganz anderem Weg kennenzulernen. Ihr seid euch erst körperlich nah, bevor ihr die Gelegenheit habt, euch, auch verbal auszutauschen.

Aufgabe:

Gehe auf eine Kuschelparty!

Variationen:

- Organisiere selber eine Kuschelparty.
- Organisiere eine Massageparty.

1.19 Tausche Dich reich! - Get rich!

In Amerika gibt es die Story vom Tellerwäscher zum Millionär. In Deutschland gibt es seit einigen Jahren immer wieder Menschen, die es vom Streichholz zum Millionär bringen wollen, wie es schon einige Amerikaner geschafft haben.

Ich hatte zwar nicht vor mit einem Streichholz Millionär zu werden, habe die Übung aber trotzdem mehrmals gemacht. Mein bisher bestes Ergebnis war es, nach 2 Stunden mit einem neuen Roller im Wert von 120 Euro zurück zu kommen. Das ist doch eine Wertsteigerung, oder?

Bei dieser Übung kommt es vor allem darauf an Menschen anzusprechen und ein gutes Verkaufs- und Verhandlungsgeschick zu entwickeln.

Aufgabe:

Nimm einen Streichholz oder einen Zahnstocher und tausche ihn mit irgendjemand gegen etwas Höherwertigeres. Nimm das und tausche wieder. Tausche so lange Du magst, aber mindestens 2 Stunden lang und mit 25 Tauschvorgängen.

Variationen:

- Tausche um ein vorher festgelegtes Ziel zu erreichen.

1.20 Spielwiese! - It's play time!

In Restaurants, Cafés usw. treffen immer wieder so viele unterschiedliche Menschen aufeinander, kapseln sich aber ab als wären sie allein. Man könnte meinen zwischen den Tischen sind unsichtbare Wände aufgebaut. Wenn ich dann mal meine Ohren spitze, stelle ich immer wieder fest, dass meine Tischnachbarn ganz interessant zu sein scheinen, zumindest den Gesprächen nach zu urteilen und oft habe ich mich ertappt, dass ich mich gerne in diese einmischen oder weiter nachfragen möchte.

Manchmal scheint es mir so, dass es anderen Gästen ebenso geht. Mit der folgenden Übung ist es sehr viel einfacher das Eis zu brechen und interessante Kontakte zu machen.

Diese Übung schafft durch das Spielen eine gemeinsame Gesprächsbasis. Außerdem ist die miteinander verbrachte Zeit vermutlich länger, eben so lange, wie das Spiel dauert oder wie gut es Dir gelingt ein interessantes Gespräch aufrecht zu erhalten.

Aufgabe:

Bastle ein Schild mit der Aufschrift „Spiel mit!". Nimm das Schild und ein paar Gesellschaftsspiele und gehe in ein mindestens halbvolles Lokal Deiner Wahl. Stelle das Schild und die Spiele auf den Tisch. Falls niemand auf Dein Schild reagiert, sprich sie an und lade sie zum Spielen ein. Mache ihnen die Spiele schmackhaft.

Variationen:

- Spiele im Flugzeug oder der Bahn mit anderen Reisegästen.
- Spiele mit Kollegen in der Mittagspause.
- Packe zu den Spielen und dem Schild noch einen Campingtisch und einige Campingstühle mit ein und setze Dich damit in ein Einkaufszentrum, Freibad oder an eine ähnlich belebte Stelle.

1.21 Leute überraschen - It's pay time!

Es gibt immer wieder Augenblicke im Leben, in denen man durch eine ganz kleine Geste Menschen in Erstaunen versetzen kann. Was ist es Dir wert in kurzer Zeit einen so bleibenden Eindruck bei anderen Menschen zu hinterlassen?

Bei mir hat es in der Warteschlange im Supermarkt angefangen. Vor mir stand eine ältere Dame, der ein Euro fehlte, um ihre Rechnung zu bezahlen. Ganz spontan habe ich ihr dann einen Euro gegeben und sie hat gar nicht mehr aufgehört sich zu bedanken. Nicht jeder Mensch ist so offen für unerwartete Geschenke. Immer wieder wollte ich für andere vor mir in der Schlange, beim Bäcker, im Kiosk usw. die Rechnung übernehmen mit den unterschiedlichsten Ergebnissen, aber die wirst Du ja gleich selbst herausfinden.

Die schönste Erfahrung die Du meiner Meinung nach bei dieser Übung machen kannst ist, ein Lächeln in das Gesicht anderer Menschen zu zaubern. Andererseits ist es auch sehr interessant wie Menschen mit Geschenken umgehen und wie sehr sie sich manchmal dagegen wehren, wenn man ihnen wirklich nur Gutes will.

Aufgabe:

Bezahle fremden Menschen ihre Rechnung. Es reicht, Sachen wie Brötchen, Zeitschriften oder einen Kaffee zu bezahlen. Du hast ja den Vorteil, dass niemand mit Deiner netten Geste rechnet. Achte einfach darauf, wieviel der vor Dir bezahlen muss und ob das für Dich ok ist und übernimm dann einfach seine Rechnung.

Variationen:

- Kündige vorher an, dass Du ihn einlädst.

1.22 Party! - It‘s party time!

Jetzt, wo Du alle Übungen des ersten Kapitels durchgeführt hast, hast Du Dir eine Feier verdient. Natürlich keine normale Feier, sondern eine Feier, die diesem Buch alle Ehre macht.

Was ist das Tollste an einer Party? Neue Leute kennenlernen, oder? Was wäre da eine Party mit nur neuen Leuten? Nun hast Du die Wahl nur die Leute einzuladen und kennenzulernen, die Dir auf den ersten Blick sympathisch sind. Na, ist das nichts, dann los, mache die Übung!

Diese Übung eignet sich besonders für Leute, die gerade frisch in eine neue Stadt gezogen sind.

Aufgabe:

Entwirf eine Einladung und verteile sie an fremde Menschen die Du triffst und die Du gerne bei Deiner Party hättest. Je nach Budget, kannst Du ja die Eintrittskonditionen festlegen. Vielleicht stellst Du die Getränke und Deine unbekannten Gäste bringen das Knabberzeug.

Variationen:

- Stelle die Party unter ein Motto.
- Gestalte eine Party wie in Übung 1.11 beschrieben.
  Kündige die Party auf Seiten wie www.new-in-town.de, www.kijiji.de, usw. an.

2 Routine durchbrechen

Jeder von uns kennt die Geschichte vom Hamster, der sich auf ewig in einem Rad abstrampelt. Routine ist nicht unbedingt negativ, manchmal bietet sie auch, beispielsweise in Form von Ritualen, eine Art von Sicherheit, z. B. morgens beim Arbeiten der erste Kaffee oder Tee.

In der Hirnforschung ist nachgewiesen worden, dass Routine und immer gleiche Abläufe das Gehirn untrainiert lassen. Wie für den Körper und die Muskulatur ist auch für unser Hirn wichtig, dass wir es benutzen. Am besten ist, als mentales Training für das Hirn, unsere Aktivitäten abwechslungsreich zu gestalten.

Neurochemisch gesehen ist es schon in Ordnung, wenn Du die ersten 15 Minuten nach dem Aufstehen nicht alles anders macht. Aber nach der ersten Viertelstunde ist euer Hirn soweit auf Betriebstemperatur, dass es für alle neuen Sachen dankbar ist.

In den nachfolgenden Seiten findest Du das optimale Training für Dein Hirn.

2.1 Die andere Hand! - Use the other one!

Alle Menschen haben eine bevorzugte Hand, mit der sie ihre alltäglichen Tätigkeiten ausführen. Wie inzwischen allgemein bekannt ist, sind die Hände mit der jeweils gegenüberliegenden Gehirnhälfte verbunden. So gibt es Übungen, die extra darauf abzielen, durch bestimmte Überkreuz-Übungen beide Gehirnhälften zu stimulieren. Das geht auch einfacher und interessanter.

Ich habe beispielsweise das Essen mit Stäbchen erst mit meiner starken Hand versucht und habe dann auf die schwache Hand gewechselt. Erstaunlicherweise war meine schwache Hand im Umgang mit den Stäbchen viel besser.

Neben der besseren Stimulierung und Verbindung der beiden Gehirnhälften erreichst Du, dass Du Dir über die alltäglichen Sachen wieder bewusster wirst. Du unterbrichst den Automatismus alltäglicher Routine und lenkst Deine Aufmerksamkeit auf die Dinge, die Du gerade tust. Außerdem ist es eine einfache Möglichkeit, Deinem Gehirn Neues beizubringen.

Aufgabe:

Benutze für die alltäglichen Tätigkeiten wie Schreiben, Zähneputzen, Essen, Rasieren, Duschen, Eincremen, PC-Mouse, usw. solange Deine andere Hand, bis es sich komfortabel für Dich anfühlt.

2.2 Die Gestaltung Deines Morgens! - Get up!

Und täglich grüßt das Murmeltier... Sieht Dein Morgen auch immer gleich aus? Gestaltest Du Deinen Morgen bewusst oder bist Du ein Sklave Deiner Gewohnheiten? Dann ist es jetzt Zeit, damit anzufangen, bewusst in Deinen Tag zu starten und das Leben schon ganz früh in die eigenen Hände zu nehmen.

Ich war einer von denen, die noch nach dem Weckerklingeln Stunden im Bett verbringen können, bevor sie sich dann entscheiden aufzustehen. Das ist meiner Meinung nach keine wirklich optimale Art in den Tag zu starten, vor allem weil ich oft dabei noch gedacht habe, dass ich ja gar keine Lust habe aufzustehen usw. Vielleicht kennst Du das ja auch. Irgendwann habe ich dann mal von einer indischen Atemtechnik gelesen, die mir einen komplett anderen Start in den Tag ermöglichte. Seitdem springe ich morgens voller Energie aus dem Bett.

Diese Übung gibt Dir neben dem Durchbrechen von täglicher Routine auch die Möglichkeit, eine für Dich noch optimalere Morgengestaltung zu finden. Wenn Du es schon schaffst jeden Morgen zu verändern, dann veränderst Du damit auch Deinen Tag.

Aufgabe:

Wache auf und beginne Deinen Tag anders als den gestrigen Tag. Vielleicht veränderst Du einfach mal Deine Gedanken, noch bevor Du überhaupt die Augen aufschlägst. Oder Du atmest 10 mal tief durch und durchflutest Deinen Körper und vor allem Dein Gehirn mit Sauerstoff und Energie. Dann unter die Dusche, aber mit kaltem Wasser, wie es Kneipp empfiehlt. Setze Dich dann an einen anderen Platz als gewöhnlich und nimm die neue Perspektive bewusst wahr.

Was hörst Du normalerweise morgens? Höre mal etwas komplett anderes, ein schönes Hörbuch, eine andere Musikrichtung oder mal gar nichts. Lies eine andere Tageszeitung oder verzichte ganz darauf.

Variationen:

- Was kannst Du noch an Deinem Morgen verändern? Sammle die Möglichkeiten und probiere sie aus.
- Unterhalte Dich mit Freunden, Kollegen, Bekannten wie sie ihren Morgen beginnen und beginne Deinen Morgen mal genauso.

2.3 Die Fahrt zur Arbeit! - Take the other way!

Mit der vorherigen Übung hast Du schon Deinen Morgen erfolgreich verändert. Jetzt darfst Du Dich gleich kreativ Deinem Arbeitsweg widmen.

Ein Freund von mir hat sich entschieden, eine zeitlang statt mit dem Auto mit der Bahn ins Büro zu fahren. Schon auf der ersten Fahrt stieg ein paar Stationen später ein Mädchen zu ihm in den Wagen, welches ihm von Anfang an sympathisch war. Ein paar Fahrten später hat er sich getraut sie anzusprechen und sie wurden ein Paar. So hat die Entscheidung zu einer kleinen Veränderung seiner Routine sein Leben verändert.

Die Übung schließt an die vorherige an und sollte zeitgleich mit dieser gemacht werden.

Aufgabe:

Finde jeden Tag einen neuen Weg oder eine neue Weise zur Arbeit zu kommen. Wenn Du normalerweise mit dem Auto fährst, nimm mal die Öffentlichen oder das Fahrrad, auch wenn es dadurch vielleicht etwas länger dauert. Fahre immer mal andere Wege. Parke Dein Auto woanders. Fahre zu einer anderen Zeit los.

Variationen:

- Entdecke den schönsten, den schnellsten und den entspanntesten Weg zur Arbeit.
- Nimm auch in anderen Situationen andere Wege als die Dir bisher vertrauten.

2.4 Gehe an Orte, wo Du vorher noch nie warst! - Hopping around!

Jetzt hast Du schon Deinen Morgen und Deine Wege verändert. Es wird Zeit, dass Du da noch eins oben drauf setzt.

Hast Du schon einmal bemerkt, dass verschiedene Orte Dich auch in verschiedene Stimmungen versetzen? Ich habe Orte für mich gefunden, an denen ich richtig kreativ bin. Andere Orte wirken auf mich sehr entspannend usw. Jeder Ort hat eine bestimmte Atmosphäre, die Du mit Deinen Sinnen aufnimmst. Überall findest Du verschiedene Gerüche, Geräusche oder andere Eindrücke.

Aufgabe:

Besichtige Orte, an denen Du noch nie warst. Sei es ein Gebäude, ein Platz oder eine Straße in Deiner Heimatstadt, oder einer anderen Stadt. Beobachte, wie der Ort auf Dich wirkt.

Variationen:

- Finde Orte, die Dir Kraft oder Ruhe geben oder Dir auf andere Art gut tun. Erstelle eine Liste dieser Orte und nutze sie. Wenn Du beispielsweise Ruhe brauchst, gehe an einen Ort Deiner Liste, der für Ruhe steht.

2.5 Gestalte Deine Wohnung um! - Moving around!

Die meisten von uns verbringen viel Zeit in ihrer Wohnung und wenn die einmal eingerichtet ist, dann wird da bei vielen oft nur noch wenig geändert. Bei den Chinesen ist es schon lange bekannt, dass die Position der Möbel und anderer Einrichtungsgegenstände auch eine Auswirkung auf unser Leben haben. Sie fassen die Wissenschaft dahinter unter dem Namen Feng Shui zusammen. Auch wenn man nicht daran glaubt, kann sicher jeder nachvollziehen, dass sich etwas verändert, wenn man die Position seiner Möbel in der Wohnung ändert.

Ich stelle immer wieder fest, wenn ich einfach nur aufräume, verändert sich schon meine Arbeitsleistung. Spannend war für mich zu erleben, was passierte, als ich mein Arbeitszimmer komplett umgestaltet habe. Plötzlich sind mir Ideen für Projekte gekommen, an die ich vorher noch nie gedacht habe. Irgendwie hat sich meine Sichtweise, im wahrsten Sinne des Wortes, verändert.

Auch Du hast die Möglichkeit ganz einfach neue Sichtweisen einzunehmen und zu testen, was eine umgestalte Wohnung mit Deinem Leben macht und ob die Chinesen mit ihrem Feng Shui doch etwas herausgefunden haben.

Aufgabe:

Gestalte Deine Wohnung um. Vielleicht dekorierst Du erstmal nur um oder Du stellst gleich die Möbel um.

Variationen:

- Räume Deine Schränke aus und komplett neu wieder ein. Entsorge dabei das, was Du nicht brauchst. Wie Du das machst, wird in Übung 2.13 beschrieben.
- Gestalte Deinen Arbeitsplatz um.
- Verändere Deine Wohnung sobald sich die vorherige Veränderung gewohnt für Dich anfühlt.

2.6 Lies mal was Anderes! - Change your brain food!

Allein in Deutschland gibt es weit über 6000 verschiedene Zeitschriften und scheinbar auch Menschen, die diese lesen. Wie viele von diesen 6000 kennst Du und wie viele liest Du davon?

Erst vor kurzem stöberte ich wieder am Hauptbahnhof durch die Zeitschriften. Obwohl die Zeitschriftenläden am Hauptbahnhof eine sehr große Auswahl haben, stellt diese doch nur einen Bruchteil dar. Allerdings sind die Zeitschriften in solch großen Läden thematisch sehr gut sortiert, so dass ich mir schnell einen Überblick verschaffen konnte. Auch für Gebiete, in denen ich mich normalerweise recht gut auskenne, gab es zu meiner Verwunderung Magazine, die durch andere Aufmachung und anderen Schreibstil oft ganz neue Sichtweisen enthielten. Viel lehrreicher waren aber die Zeitschriften aus Bereichen, für die ich mich bislang noch nicht interessiert habe oder gar nicht wusste, dass diese überhaupt existieren.

Für jeden Mensch sieht die Welt anders aus. Die einzig richtige Realität gibt es nicht. Je mehr Du Dich mit Welten von anderen austauscht, umso größer wird auch Deine eigene Welt (und die Komfortzone).

Aufgabe:

Gehe mindestens einmal die Woche in einen großen Kiosk, kaufe und lies eine Zeitung/Zeitschrift, die Du vorher noch nie gelesen hast. Wenn Du da alle durch hast, dann begib Dich ins Internet und stöbere in einem noch reichhaltigerem Angebot.

Variationen:

- Lies Diplomarbeiten zu Themen die Dich interessieren und dann zu Themen, von denen Du noch nie gehört hast.
- Lies Bücher zu für Dich neuen Themen oder mit für Dich bisher uninteressanten Genres.
- Begib Dich im Intern zu www.ted.com oder www.poptech.org und sieh Dir an, wie sich andere Menschen die Zukunft vorstellen.

2.7 Besuche Veranstaltungen unterschiedlicher Art! - Dance now!

Wir alle haben unsere Lieblingsmusik, gehen in unseren Lieblingsclub und hören unseren Lieblingsradiosender.

Ich bin z. B. absolut gar kein Metal Fan. Trotzdem habe ich mich vor langer Zeit mal von einer Freundin dazu überreden lassen, mit ihr in einen Metal Club zu gehen. Was soll ich sagen? Ich hatte einen wirklich schönen Abend und war überrascht und beeindruckt was dort alles für Menschen waren. Im Grunde war alles vertreten, vom Schlipsträger bis zum Rocker und alle waren gut drauf. Metal ist immer noch nicht meine Musik aber ich gehe seit dem immer mal wieder in einen Metalclub und genieße die komplett andere Atmosphäre.

Du hörst schon Metal? Dann gehe mal in einen Technoclub! Du stehst auf Hip Hop? Ab zum Gothic-Konzert! Du kennst die Philharmonie bislang nur als Sehenswürdigkeit? Dann tritt ein!

Bei der Durchführung dieser Übung wirst Du vielleicht erstmal ein Unwohlsein verspüren. Aber umso mehr Du lernst Dich auf die neuen (Klang)Welten einzulassen und die Leute wahrzunehmen, umso mehr Spaß und Möglichkeiten hast Du.

Aufgabe:

Erstelle eine Liste mit unterschiedlichsten Musikrichtungen. Dann finde Möglichkeiten diese Musikrichtungen jeweils mal zu erleben. Gehe mal in ein klassisches Konzert, oder eine Oper, auf eine Punk Party oder in einen Techno-Club.

Variationen:

- Gehe allein in einen Club, in dem Du vorher noch nie warst und lerne dort Menschen kennen.

- Wechsele regelmäßig Deinen Radiosender.
  Gehe auf ein Festival einer für Dich ungewohnten Musikrichtung www.festivalguide.de

2.8 Schweige und genieße! - Silence, please!

Früher war es üblich, dass man beim Essen nicht reden durfte. In unserer heutigen hektischen Zeit ist das allerdings oft die einzige Zeit für Gespräche. Dadurch nehmen wir uns die Möglichkeit das Essen zu genießen und andererseits mit der vollen Aufmerksamkeit bei unserem Gesprächspartner zu sein. Was passiert, wenn wir das voneinander trennen und uns Zeit nur für das Essen und nur für Gespräche nehmen?

Aufgabe:

Iss eine Woche lang ohne dabei zu reden. Nimm Dir gesondert Zeit, um die dadurch entgangenen Gespräche bewusst und nicht nebenbei zu führen.

Variationen:

- Mache genau das Gegenteil, also iss, während der Fernseher läuft, Du Zeitung liest und Du Dich mit anderen unterhältst. Vergleiche das mit der Übung oben.
- Iss doppelt so langsam.
- Kaue jeden Bissen mindestens 30 mal.
- Mach nach jedem Bissen „Hmmmm“ im Kopf oder laut.

2.9 Stelle Deine Ernährung um! - Change your real food!

Überall liest man, welche Ernährung angeblich gesund ist und welche nicht. Komisch, dass in der einen Zeitung das Eine steht und in der anderen das komplette Gegenteil. Wer hat da Recht? Vielleicht haben beide Recht, richten sich nur an komplett unterschiedliche Menschen. Es liegt also an Dir herauszufinden, was Dir gut tut und was nicht.

Ich möchte an dieser Stelle nicht Moralapostel spielen und Dich zu einer gesunden Ernährungsweise animieren, auch wenn dies natürlich eine gute Wahl ist. Hier geht es um das Umstellen der Gewohnheiten und das Essen ist eine Sache, die sich am Tag regelmäßig wiederholt. Und Du kannst die Art und Weise gestalten, wie diese Wiederholung aussieht.

Aufgabe:

Wenn Du Dich im Moment vollkommen gesund ernährst, dann iss mal etwas Ungesundes. Falls Du Dich ungesund ernährst, dann ernähre Dich für 1 Monat mal gesund. Finde dabei heraus was Dir gut tut und was nicht.

Variationen:

- Stelle Deine Essenszeiten und Häufigkeit um.
- Lies Ernährungsratgeber und probiere die Vorschläge aus.
- Koche jede Woche etwas, was Du vorher noch nie gekocht hast.

2.10 Gönne Dir was! - Fancy foods!

Von vielen Menschen hört man, dass sie noch nie in einem Nobelrestaurant waren. Andere denken, dass sie sich in einer solchen Umgebung nicht wohl fühlen werden. Ist es dann so, dass diese Leute ihr Wohlbefinden in die Hände von anderen legen wollen?

Wieder andere erzählen mir, dass sie so viel Geld nicht für Essen ausgeben möchten. Egal, was bisher die Gründe waren die dagegen sprachen, eine Erfahrung ist es allemal wert, sich was wirklich Gutes zu gönnen. Schaue beispielsweise in die Gourmet-Führer wie den Michelin oder recherchiere im Internet, welche ausgezeichneten Restaurants in Deiner Nähe sind.

Aufgabe:

Reserviere Dir oder Euch einen guten Platz in einem wirklich guten Restaurant. Lasse Dich vom Kellner beraten, welches Menü die Spezialität des Hauses ist. Frag den Sommelier, welcher Wein am besten zu jedem Gang passt. Beobachte und schmecke die Unterschiede zu Deinem üblichen Essen. Genieße das Essen und fühle Dich wohl.

Variationen:

- Nutze bei jedem Essen Dein bestes Geschirr.
- Gönne Dir auch in anderen kulinarischen Bereichen etwas Gutes, z. B. einen teuren Wein, weißen Tee, einen speziellen Kaffee, usw. (widersetze Dich der "Geiz ist geil"- Mentalität).

2.11 Verzichte auf die Medien! - Information diet!

Ist Dir schon aufgefallen, wie viel Zeit die meisten Menschen damit zubringen, unterschiedlichste Medien, wie Fernseher, Radio, Zeitungen, Internet, Telefon, usw. zu konsumieren? Wenn man sie dann fragt, was sie von all den Informationen, die in der Zeit auf sie eingeströmt sind, für wichtig erachten oder behalten haben, dann kommt im Verhältnis zur aufgewandten Zeit nicht viel dabei heraus.

Ich war gerade 2 Wochen in Ägypten und davon 6 Tage in der Wüste. Ich habe rein gar nichts vom Weltgeschehen mitbekommen, sondern einfach die Ruhe genossen. Es funktionierte kein Handy, kein Radio, die Tageszeitung gab es auch nicht und Fernseher sowieso nicht. Ob Du es glaubst oder nicht, ich war trotzdem oder vielleicht gerade deswegen glücklich bzw. mir ging es sogar noch besser. Ich hatte richtig viel Zeit, mich mit den Leuten um mich herum zu beschäftigen. Vor ein paar Monaten habe ich schon zu Hause den Fernseher abgeschafft und meine Abende haben sich komplett verändert. Vorher habe ich vor dem Fernseher gegessen und eine richtige Unterhaltung kam nicht zu Stande.

Durch diese Übung bekommst Du wieder mehr Bewusstsein, was Dir wirklich wichtig ist und was nur von außen auf Dich einprasselt.

Aufgabe:

Verzichte für eine Woche auf jegliche Medien wie Fernseher, Radio, Zeitung, mp3-Player, Bücher und natürlich das Internet. Also auch keine eMails mehr. Verwende die Zeit, die Du vorher für einen passiven Konsum genutzt hast für eine aktive Beschäftigung, wie z. B. Sport, Gespräche, Treffen mit Freunden usw.

Variationen:

Verzichte auf Dein Telefon und Handy, schreibe also auch keine SMS.

2.13 Überflüssiges loswerden! - Let it go!

Im Laufe der Zeit sammelt sich bei den meisten Menschen alles mögliche an mehr oder weniger nützlichen Dingen an. Das fällt besonders bei einem Umzug auf, wenn die Anzahl der Umzugskartons kein Ende nimmt und trotzdem immer noch nicht alles verpackt ist.

Mir wurde das beim Lesen eines Buches bewusst. Ich hatte gerade mal ein paar Seiten gelesen, da kribbelte es mir schon in den Fingern. Ich wollte aufräumen, was für mich eher untypisch war. Ich bin durch die Wohnung getobt und habe aussortiert. Es kam eine LKW Ladung an „Müll“ zusammen. Alles Zeug, was sich über die Jahre angesammelt hatte und das ich nicht brauchte aber was zu gut war um es wegzuschmeißen. Heute gibt es ja zum Glück eBay, um die schönen Geschenke der Verwandten nicht wegschmeißen zu müssen. Wenn es Dich interessiert, in der Bücherliste auf www.komfortzonenbuch.de findest Du das entsprechende Buch.

Mit unerledigten Dingen ist auch ein gewisser seelischer Ballast verknüpft. Sobald Du die Sachen wegwirfst, die Du nicht mehr brauchst, wird auch die entsprechende Verknüpfung in Deinem Kopf gelöst. Nebenbei lernst Du eine einfache Art, Dinge los zu lassen...

Aufgabe:

Befreie Dich von allen überflüssigen Sachen. Falls Du Dich fragst, „Und wie erkenne ich die?“, dann wirst Du gleich feststellen, dass das ganz einfach ist. Es sind die Sachen, die Du seit 12 Monaten nicht mehr gebraucht hast. Denke vor allem auch an die Sachen im Keller, auf dem Dachboden, im Schuppen usw.

Variationen:

- Verkaufe die Sachen auf einem Flohmarkt oder bei eBay.

2.12 Die Lebensliste - Bucket list

Im Film Bucket List geht es um die Geschichte von zwei Todkranken und wie diese ihre Lebenslust wieder entdecken. Die Bucket List ist die Liste, mit den ganzen Sachen, die man im Leben machen möchte.

Die meisten von uns haben den Plan, was sie in ihrem Leben noch erreichen wollen, nur in ihrem Kopf. Diese Dinge bleiben dadurch eher vage und die Chance, dass sich diese im Leben erfüllen, werden dadurch geringer. Eine Manifestation in Form einer schriftlichen Liste hilft Dir, diese Dinge jetzt sofort zu planen, dann durchzuführen und schlussendlich das Leben zu führen, dass Du eigentlich führen möchtest.

In der Übung geht es darum, dass Du entdeckst, welche Ziele Du für Dein Leben noch hast und wie Du sie erreichen kannst.

Aufgabe:

Erstelle eine Liste mit Dingen, die Du haben, machen oder sein möchtest, jeweils mit mindestens 100 Einträgen. Sortiere sie nach Wichtigkeit und mache die ersten Schritte, um die ersten 5 Einträge der jeweiligen Liste abhaken zu können.

Variationen:

- Setze Dir einen zeitlichen Rahmen für die 5 wichtigsten Einträge der Liste.
- Mache auch die Übungen dieses Buchs zu Deinen Zielen.

2.14 Lerne Schnelllesen! - Speed reading!

Wie schon in vorherigen Übungen festgestellt haben wir das Glück oder das Pech auf so gut wie unendlich viele Informationen zugreifen zu können. Sich wie in Übung 2.11 komplett von diesen Informationen frei zu machen ist nicht immer die optimale Lösung. Sie hilft allerdings herauszufinden, welche Informationen wichtig sind und welche nicht.

Wenn Du für Dich weißt, welche Informationen Dir wichtig sind, für Dein Berufsleben oder Dein Privatleben, dann ist es auch sinnvoll möglichst schnell auf diese Informationen zugreifen zu können. Die Informationsgewinnung sollte dabei so schnell wie möglich sein, denn so hast Du mehr Zeit das Gelernte auch anzuwenden.

Viele Informationen liegen immer noch in schriftlicher Form vor, sei es im Internet, in Zeitschriften oder in Büchern. Was liegt also näher, als sich mit Techniken zu beschäftigen diese Informationen schneller selektieren und aufnehmen zu können. Dafür wurden unterschiedlichste Schnelllesetechniken entwickelt, die verschiedenen Ansprüchen genügen und Dich mehr oder weniger tief in die Materie eindringen lassen. Wenn Du die Technik des Schnelllesen beherrschst, ist die Übung mit der Mnemotechnik optimal, damit Du das Gelesene noch besser behalten kannst.

Aufgabe:

Lerne Schnelllesen. Lerne mehrere Methoden und finde für Dich heraus bei welchem Informationstyp welche Methode am besten funktioniert, so dass Du in möglichst kurzer Zeit möglichst viele Informationen verwertbar aufnimmst. Achte dabei darauf, dass aus dem Wissen auch Fähigkeiten werden, die Du in Deinem Leben anwendest.

Variationen:

- Finde andere Wege, Informationen schneller zu erfassen. Benutze die Methode des Mind Mapping für das Strukturieren der Informationen.

2.15 Mache Probestunden! - Trial lesson!

So gut wie überall ist es heutzutage möglich, Neues kostenlos auszuprobieren. Fast in jedem Bereich ist das Hineinschnuppern möglich, sei es im Fitness-Studio, bei kostenlosen Abendseminaren, Weiterbildungsveranstaltern, usw. Zu vielen Bereichen findest Du im Internet kostenlose eBooks, Online-Kurse, Tutorials und ähnliches. Viele davon sind vielleicht nur als Einführung in das Thema gedacht, was für diese Übung mehr als ausreichend ist.

In großen Städten gibt es Übungsgruppen für alle möglichen Richtungen, die meisten davon sind kostenlos. Das ist eine prima Gelegenheit, neue Sachen und neue Leute kennen zu lernen. Ich habe selber eine Übungsgruppe in meiner Heimatstadt organisiert, jeder Abend davon verläuft anders, es kommen sehr oft neue Leute und es entstehen ganz viele spannende Situationen.

Bei vielen der kostenlosen Probestunden wirst Du zum Abschluss gefragt, ob Du weitermachen möchtest. Überlege mindestens eine Woche, bevor Du Dich entscheidest.

Aufgabe:

Nimm Dir jede Woche mindestens eine Stunde Zeit, um eine Probestunde zu machen. Mache dabei alles was Du finden kannst, egal ob Dich das bisher interessiert hat oder nicht. Achte darauf, dass diese Probestunden aus vielen verschiedenen Bereichen stammen, z. B. Sport, Musik, Weiterbildung, Sprachen, usw.

Variationen:

- Biete kostenlose Probestunden für Dein liebstes Hobby an.
- Suche Dir kostenlose Probelektionen im Internet, z. B. Online Kurse, eBooks, usw. aus den Bereichen, die Dich vielleicht vorher noch nicht so interessiert haben.

2.16 Perspektiven! - Focusing!

In der Psychologie hat man schon lange herausgefunden, dass unsere Emotionen nicht von der Situation abhängig sind, sondern davon, wie wir diese Situation bewerten und mit ihr umgehen. Du entscheidest in jeder Situation, wie Du auf sie reagierst. Oft reagieren wir einfach automatisch aufgrund unserer im Laufe der Jahre antrainierten Gewohnheiten.

Jeder kann seine Gewohnheiten ändern. Viele glauben, dass sie verärgert sein müssen, wenn ihnen jemand die Vorfahrt nimmt. Dass sie mit dieser Situation auch anders umgehen können ist ihnen meistens nicht bewusst.

Mit dieser Übung sollst Du für Dich herausfinden, wie Du am Besten auf unterschiedlichste Situationen reagierst. Dazu probierst Du in den nächsten Tagen beide Extreme aus und beobachtest, was das mit Dir macht. Haben die unterschiedlichen Reaktionen auch Einfluss auf den Rest Deines Lebens?

Aufgabe:

Denke 1 Woche lang nur negativ. Meckere über alles rum und sei mit allem unzufrieden. Finde Gründe, warum immer die Anderen daran Schuld sind und Du nichts dafür kannst.
Denke die nächste Woche nur positiv. Sei zu jedem freundlich und verbreite gute Laune. Falls irgendetwas nicht so klappt wie Du es Dir vorstellst, überlege Dir, wie Du etwas daran ändern kannst und mache es.
Beobachte Dich in beiden Wochen sehr genau und finde heraus, was die Wochen jeweils mit Dir machen.

2.17 Ordnung und Unordnung! - Housekeeping!

Laut dem Buch „Feng Shui gegen das Gerümpel des Alltags“ ist eine ordentliche Umgebung wichtig. Karen Kingston ist der Meinung, dass nur so die Energien fließen und wir unser volles Potenzial ausschöpfen können. Dabei schließt sie auch Keller, Abstellkammern, usw. mit ein. Selbst kleine Unordnungen, z. B. in Schreibtischschubladen, können sich ihrer Meinung nach negativ auf uns auswirken.

Unabhängig davon, dass Feng Shui nur eines von vielen Erklärungsmodellen darstellt, ist es wichtig, dass Du für Dich selber ausprobierst, was funktioniert und was nicht.

Ich habe schon von vielen gehört, dass ein ordentlicher Schreibtisch besser sein soll, ich selber habe aber oft einen unordentlichen Schreibtisch. Daher ließ ich es auf einen Versuch ankommen, um für mich die optimale Arbeitsumgebung zu bestimmen. Dieser Versuch brachte sehr viel Klarheit über meine Arbeitsweise und wie die Umgebung darauf wirkt. Diesen Test sollst Du nun auch machen.

Aufgabe:

Sorge eine Woche lang dafür, dass Dein Schreibtisch immer unordentlich ist und arbeite daran.
Sorge eine Woche dafür, dass Dein Schreibtisch immer ordentlich ist, das heißt komplett leer, außer dem Computer und dem Dokument, mit dem Du gerade arbeitest. Beobachte, in welcher Umgebung Du Dich wohler fühlst und/oder produktiver bist.

Variationen:

- Mache diese Übung mit Deiner Wohnung.

2.18 Wieder ein Kind sein! - Childhood fun!

Weißt Du noch, wie unbeschwert Du viele Dinge als Kind angegangen bist? Und wieviel Spaß Du dabei gehabt hast? Ab einem bestimmten Alter machen wir die Erfahrung, dass unser Verhalten nicht immer als angemessen angesehen wird. Wir lernen, dass es scheinbar richtiges und falsches Verhalten gibt. Dabei haben meist andere für uns entschieden, was richtig und falsch ist und uns ihre Meinung durch Lob und Tadel übergestülpt.

Es wird Zeit, dass Du wieder Verbindung zu Deinem inneren Kind aufnimmst und es in Dein Leben integrierst.

Aufgabe:

Gehe bei strömendem Regen raus, laufe durch die Pfützen, dass es nur so spritzt, lache, freue Dich über die verblüfften Gesichter der anderen, versuche so nass zu werden, wie es nur geht - danach unter die heiße Dusche oder in die Badewanne.
Verhalte Dich wie ein Kind. Bettele im Supermarkt nach Süßigkeiten. Genieße das Leben. Klettere überall herum, schaukel, spiele, nutze jeden Spielplatz, erfreue Dich an Kleinigkeiten.

Variationen:

- Beobachte ein Kind und versuche die Welt genauso wahrzunehmen.

2.19 Verkleide Dich! - Be mystique!

In den „X-Men“ Comics und Filmen taucht immer wieder Mystique auf, eine Gestaltwandlerin. Sie kann ihre äußere Form jeder Gestalt anpassen und kann sein, wer immer sie möchte. Wäre dass nicht was für Dich?

Der Volksmund sagt: „Kleider machen Leute.“. Mir ist schon selbst aufgefallen, dass je nachdem wie ich mich kleide, die Umwelt anders auf mich reagiert. In einem Anzug schauen mich Leute anders an, als wenn ich meine alten Wohlfühlklamotten anhabe. In Clubs gibt es sogar einen Dresscode, den nicht einzuhalten heißt, Du bist nicht in dieser Gesellschaft willkommen.

Aufgabe:

Kleide und style Dich wie jemand, der älter oder jünger ist als Du, als Punk oder Technoanhänger, Gothic, Banker, Handwerker, usw. Beobachte jeweils die unterschiedlichen Reaktionen der Leute auf Dich. Hat sich mit dem Kleidungswechsel auch bei Deinem Denken und Deinem Auftreten was geändert?

Variationen:

- Gehe in einem anderen Stil als bisher arbeiten.
- Gehe in einen Kostümverleih und leihe Dir ein Kostüm zu einer Person, die Du immer schon mal sein wolltest.

2.20 Kein Strom! - Powerless!

So gut wie niemandem ist es bewusst, wieviel seines täglichen Lebens vom Strom abhängig ist. Überlege nur mal kurz, was Du alles nicht machen kannst, wenn Du keinen Strom mehr hast. Das fängt schon mit dem Aufstehen an. Du hast keinen Wecker mehr, kannst nicht einfach das Licht einschalten und die meisten müssen auch kalt duschen. Nur mit einem Gasherd oder einem Ofen ist es Dir dann möglich, einen Kaffee oder Tee zu kochen. Dein Kühlschrank funktioniert auch nicht mehr, so dass Du täglich frisch einkaufen musst, um etwas zu essen zu haben.

Auch Deine Mobilität ist arg eingeschränkt, da Du nicht mehr Auto, Bus oder Bahn fahren kannst, sondern Dich auf Deine Beine verlassen musst, sei es beim Laufen, Fahrrad fahren oder Skaten. Spätestens wenn es dann Abends dunkel wird, ist auch Dein Tag vorbei.

Aufgabe:

Lebe ein paar Tage ohne Strom. Benutze keinerlei Geräte, die Strom benötigen.

2.21 Schauspiel! - Our daily movie!

Schauspieler sind es gewohnt, in verschiedene Rollen zu schlüpfen und vor Publikum aufzutreten. Gar nicht so vielen Leuten ist bewusst, dass heute fast jeder Rollen spielt, die Meisten ohne darüber Bescheid zu wissen, beispielsweise bei der Arbeit. In dieser Übung geht es darum, dass Du Dein gewohntes Verhalten hinter Dir lässt und wie ein Theaterschauspieler agierst. Beachte dabei, dass auch oder gerade bei Schauspielern die Rolle nicht gleich der Mensch ist.

Welche Rollen werden von Dir über den Tag erwartet? Im Tarot Spiel gibt es die Karte des Narren, die für Unbekümmertheit steht. Der Narr darf jede Rolle spielen und ist nicht nur deswegen eine Trumpfkarte.

Aufgabe:

Spiele heute eine andere Rolle als die, die jeder von Dir in dem Moment erwartet.

Variationen:

- Liste die Rollen auf, von denen Du denkst, dass sie von Dir erwartet werden. Tausche die Rollen gegeneinander aus.

2.22 Die schwarze Liste! - The black list!

Zum Abschluss des Übungsteils zum Durchbrechen von Routine hier die ultimative Übung.

Viele Menschen können am Ende des Tages nicht mehr sagen, was sie den ganzen Tag über gemacht haben und wo all die Stunden geblieben sind. So nach und nach stellen sie dann fest, dass sie den Großteil der Zeit mehr oder weniger sinnvoll verbracht haben. Oft sind gerade die unsinnigen Tätigkeiten, die sie ständig wiederholen, ihre Zeitkiller.

Aufgabe:

Nimm was zum Schreiben und erstelle eine Liste mit allen Tätigkeiten des Tages. Dazu zählen auch Tätigkeiten wie Zähne putzen, Staub wischen, Fernsehen, Lesen, Rauchen oder Essen. Die Liste unterteilst Du in „gut für mich“ und „weniger gut für mich“.
Jetzt streiche all die Sachen an, von denen Du meinst, dass sie nicht sinnvoll sind, Dich einschränken oder Dich von etwas Wichtigem abhalten. Entscheide auf welche Tätigkeit Du in Zukunft verzichtest und welche Du einschränkst. Verwende Deine frei gewordene Zeit, um tolle Aktivitäten zu unternehmen. Anregungen dazu findest Du sicher genug in diesem Buch.

Variationen:

- Nimm neue Gewohnheiten in Dein Leben auf, von denen Du glaubst, dass sie Dir gut tun.

3 Selbstvertrauen

Hier findest Du viele Übungen, die Dir zu mehr Selbstvertrauen verhelfen.

3.1 Gehe mit Hunden spazieren! - Who let the dogs out?

Was hat das Hunde ausführen mit dem Verlassen der Komfortzone zu tun? Es gibt Menschen, die haben Angst vor Hunden, aber das ist nicht der Grund für diese Übung.

Erst gestern habe ich wieder gesehen, wie eine junge Frau von ihrem Hund Gassi geführt wurde. Hunde reagieren nur auf klare Signale und Dominanz. Sie wollen wissen, wer der „Herr" ist, denn sonst übernehmen sie diese Rolle.

Mit dieser Übung lernst Du also nicht nur Deine Angst vor Hunden, falls vorhanden, zu überwinden, sondern Du lernst außerdem wie Du klare nonverbale Signale aussendest und so Deine Ausstrahlung und Dein Selbstvertrauen stärkst.

Aufgabe:

Gehe in ein Tierheim in Deiner Umgebung und führe einen Hund Gassi. Achte darauf, dass der Hund mindestens mittelgroß ist. Frage nach einem erzogenen Hund, der klare Signale beachtet und befolgt.

Variationen:

- Übernimm für eine Woche einen Pflegehund.

3.2 Lass Dich mal wie einen König behandeln! - Be a king!

Viele von uns sind es gar nicht mehr gewohnt, gut und zuvorkommend behandelt zu werden. Mir ist es wieder passiert, als ich im Supermarkt bei mir um die Ecke einkaufen war. Da saß eine Kassiererin, die mir zwar einen guten Abend wünschte, mir mit Ihrer Stimme aber signalisierte, dass sie das nicht ernst meint und es ihr auch total egal ist, wie mein Abend ist. Zum Abschied habe ich ihr wie in Übung 1.7 beschrieben ein Kompliment gemacht und ihr aus vollem Herzen einen wunderschönen Abend gewünscht. Sie war überrascht und errötete leicht. Da wusste ich, dass ich mal wieder einen Ort besuchen muss, wo ich herzlich, freundlich und zuvorkommend behandelt werde. Früher dachte ich immer, dass ich dazu jemand sein muss, im Idealfall mit viel Geld, bis ich herausfand, dass das nicht nötig ist.

Die Idee war folgende, warum nicht mal meine heiße Schokolade in einem 5 Sterne Hotel zu mir nehmen? Ok, sie kostet vielleicht ein zwei Euro mehr, aber das bin ich mir wert. So machte ich mich auf ins Vier Jahreszeiten in Hamburg. Neben einem exzellentem Service und einer wirklich wunderschönen Atmosphäre bekam ich auch noch eine heiße Schokolade die den Namen wirklich verdient hat. Statt einem Kakao ran wirklich zähflüssige Schokolade meinen Hals herunter und führte zu ungeahnten Geschmacksexplosionen. Ab da habe ich mir dieses Vergnügen regelmäßig gegönnt. Interessant war für mich auch zu beobachten, dass ich in dieser Atmosphäre sehr kreativ und konstruktiv war, was meine geschäftlichen Projekte betraf. Gibt es etwa wirklich so etwas wie Geldenergie?

Aufgabe:

Trinke Deinen nächsten Kaffee, Tee oder Deine nächste heiße Schokolade in einem wirklich noblem Café, Restaurant oder Hotel und genieße die Art und Weise in der Du behandelt wirst.

Variationen:

- Geh zum Luxuswagen-/Sportwagenhändler und gib Dich als möglicher Käufer aus. Mache eine Probefahrt.
- Lass Dir von einem Makler Deine Traumimmobilie zeigen.
- Geh in ein wirklich gutes Bekleidungsgeschäft und lasse Dich dort beraten und komplett einkleiden. Beachte wie Du behandelt wirst und wie diese Sachen Dich und Deine Ausstrahlung verändern. Vielleicht bekommst Du auch Anregungen für einen neuen Stil.

3.3 Werde Dein eigener Darsteller! - Hollywood ist calling!

Wir leben heute in einer Welt, in der man sich ohne großen Aufwand öffentlich präsentieren kann, manchmal sogar muss. Und trotzdem scheuen sich noch viele, diese neuen Möglichkeiten zu nutzen. Hollywood ist heute überall...

Aufgabe:

Mache einen Film von Dir und stelle ihn auf www.youtube.com oder eine andere Plattform im Internet.

Variationen:

- Gehe in eine Karaoke-Bar und singe.
- Mache eine Film, in dem Du Dich blamierst und stelle ihn online.

3.4 Betone Deine positiven Seiten! - Style your world!

Diese Übung ist sehr ähnlich zur Übung 1.5, nur dass es diesmal nicht darum geht Deinen Style zu verändern, sondern Dir positive Meinungen über Dich einzuholen. Was schätzen andere an Dir? Wofür bekommst Du Lob und Komplimente? Wie gehst Du damit um?

Nutze für diese Übung Deine Erfahrungen aus der Übung 1.5.

Aufgabe:

Geh jeden Tag in ein anderes Geschäft und lass Dich von der Verkäuferin oder dem Verkäufer beraten, welche Deine positiven Seiten sind und wie Du sie betonen kannst. Verändere Deinen Style anhand der gewonnenen Informationen. Berücksichtige vor allem das Feedback von Dir wichtigen Personen und den professionellen Typberatern.

Variationen:

- Frage Freunde und Bekannte.

3.5 Neue Identität! - The Bourne identity!

Ein Trick, der schon seit Jahrhunderten von allen möglichen Menschen genutzt wird, ist das Verwenden einer neuen Identität. Mit einer anderen Identität kann man wunderbar experimentieren und man hat den Vorteil, das schlechte Erfahrungen, mit dieser Identität verbunden sind und nicht mit Dir.

Bei dieser Übung geht es nicht um die Verwendung einer anderen Identität, um Dir bei anderen Menschen einen Vorteil zu erschleichen. Hier geht es vor allem darum, Erfahrungen zu machen, die sich von Deinem bisherigen Lebensstil unterscheiden. So kannst Du testen, in welche Richtung Du zukünftig gehen möchtest und was Dir Spaß macht. Interessant ist auch zu beobachten, wie sich das Verhalten Deiner Gesprächspartner nur aufgrund einer Information verändert. Noch interessanter ist es, dass sich beim Wechsel der Identität auch bei Deiner Persönlichkeit etwas zu verändern scheint...

Aufgabe:

Mache Dir Visitenkarten mit verschiedenen Identitäten, z. B. Kunsthändler, Generativer Meister konstruktiver Strategien, Philosoph, Lebenskünstler, Photograph, Trainer, usw. Beachte dabei, dass manche Titel geschützt sind und Du diese nicht nehmen kannst. Lebe diese Identität, als ob es Deine eigene wäre und beobachte dabei, was passiert und wie Deine Gesprächspartner reagieren.

Variationen:

- Gib Dir Namen, die Du schon immer haben wolltest und stelle Dich eine Zeitlang so vor.

3.6 Werde zum Experten! - The expert builder!

Psychologische Studien haben bewiesen, dass Menschen von anderen Menschen als glaubhafter empfunden werden, wenn diese einen sogenannten Expertenstatus aufweisen. Dabei ist es nicht einmal wichtig, ein wirklicher Experte zu sein, sondern nur als solcher wahrgenommen zu werden.

Der Weg zum Experten findet in zwei Stufen statt. An erster Stelle steht die Überzeugung, eben ein solcher zu sein und erst an zweiter Stelle kommt die Kompetenz. In dieser Übung geht es nun darum, so schnell wie möglich die erste Stufe des Expertenstatus zu erreichen.

In dieser Übung werden Fähigkeiten gebraucht, die Du durch die vorhergehenden Übungen erworben hast, wie z. B. Kontakt herstellen. Ein Experte zu werden ist nicht schwierig. Ich empfehle an dieser Stelle ausdrücklich, dass Du Dich nicht als jemanden darstellst, der Du nicht bist.

Aber wer bestimmt denn, wer ein Experte ist? Hier kommt es nicht auf die Anzahl der erworbenen Titel oder Fähigkeiten an, sondern auf die Umgebung, wie beispielsweise die Medien. Diese definieren oft, wer ein Experte ist und wer nicht. Als Kriterien werden dabei Kontakte, Kundenreferenzen, Verkaufsfähigkeiten, Ausstrahlung, Medienwirksamkeit und vieles mehr herangezogen. Nutze dieses und werde für ein Gebiet Deiner Wahl zum Experten.

Durch diese Übung sollst Du die innere Überzeugung aufbauen, ein Experte zu sein, vergiss nicht, dass zum vollständigen Experten auch die Kompetenz zu erwerben ist.

Aufgabe:

Suche Dir ein spezielles Gebiet heraus, in dem Du Experte werden willst. Nimm ein Zeitfenster von 1-3 Monaten, in dem Du das Kernwissen des Gebiets erwirbst, z. B. durch Zeitschriften, Bücher, usw. Bereite das Gebiet so auf, dass Du darüber ein Seminar von zwei Stunden halten kannst. Dadurch baust Du die notwendige Überzeugung auf.

Variationen:

- Eine Hilfestellung wie Du ein Experte wirst, findest Du in der Linkliste.
- Erwirb Dir auch das Wissen und die Fähigkeiten die einen Experten auszeichnen.

3.7 Heldenbiografie! - Hero!

Die Meisten sind geübt darin, zu wissen, was sie nicht so gut können, was ihnen misslungen ist usw. Viele ärgern sich noch abends im Bett darüber, was sie heute wieder alles falsch gemacht haben und vergessen dabei all das, was ihnen gelungen ist. Der Fokus liegt oft bei unseren Fehlern. Das haben wir schon früh in der Schule gelernt. Auch dort ist der Fokus stark bei den Fehlern, die wir machen. Auf unseren Arbeiten ist immer markiert, was wir falsch, aber so gut wie nie, was wir richtig gemacht haben.

Hinzu kommt, dass es gerade in Deutschland als Tugend gilt, bescheiden zu sein, und wer zu sich und seinen Fähigkeiten steht, wird oft als überheblich abgetan. Dabei ist jeder von uns ein Held.

Aufgabe:

Schreibe eine Biographie über Dich, in der Du erläuterst, warum Du ein Held bist. Liste dabei auf, was Du an Dir schätzt, was andere an Dir schätzen, was Du schon alles vollbracht hast usw. Falls Dir nichts einfällt, dann frage die Menschen in Deiner Umgebung, was sie an Dir schätzen, wo sie Deine Stärken sehen usw.

Variationen:

- Führe ein Erfolgstagebuch! Schreibe jeden Abend auf, was Dir heute besonders gut gelungen ist, worauf Du stolz bist und warum Du einen tollen Tag hattest. Nutze dafür ein schönes und hochwertiges Notizbuch, wie Paperblanks.

- Schreibe Dir selbst einen Liebesbrief.

3.8 Lebe Deinen Traum! - Live your dream!

Diese Übung baut auf der Übung 3.4 und Übung 3.5 auf. Der Unterschied ist, dass Du dieses Mal nicht irgendwelche Identitäten annimmst, sondern so tust als wärst Du schon der, der Du am liebsten sein möchtest. Stell Dir vor, Du hast schon alles erreicht was Du erreichen möchtest Wie fühlst Du Dich dann? Was denkst Du? Was machst Du? Wo und mit wem lebst Du?

Während eines Coachings habe ich einem Coachee gebeten sich vorzustellen sein Lebensziel schon erreicht zu haben und mir zu berichten wie es ihm dabei geht, was er fühlt und denkt. So hat er für sich herausgefunden, dass es nicht sein Lebensziel ist und ihn das Erreichen auch nicht glücklicher macht als er es momentan ist.

Die Übung setzt etwas Phantasie und Schizophrenie voraus, kann aber sehr viel Spaß machen. Vor allem hilft sie auch zu entdecken, ob Dich das Erreichen Deines Lebensziels wirklich glücklich machen würde. Du hast so also auch die Möglichkeit mehrere Ziele für Dich zu testen.

Aufgabe:

Was ist Dein Lebensziel? Lebe es mindestens für eine Woche. Stelle Dir vor, dass Deine Umgebung die ist, in der Du dann lebst. Gehe dort spazieren und setze Dich in eines der Lokale. Lasse Dir Deine Traumimmobilie, wie in Übung 3.2 beschrieben, zeigen. Wer bist Du? Was sagt Deine Visitenkarte? Wie fühlt es sich an, der zu sein? Was machst Du in dieser Rolle? Wie redest Du, wie kleidest Du Dich. Mache alles, was Dir hilft Dich als diese Person zu fühlen und zu verhalten.

Variationen:

- Probiere weitere Ziele aus, auch welche, die Du nicht anstrebst.
- Organisiere eine Erfolgsparty, in der alle so tun als hätten Sie schon das erreicht was sie erreichen wollen und dafür auch Beweise haben. Näheres dazu findest Du auf der Website www.immermehrleben.de/forum

3.9 Mache ein Praktikum! - Practice!

Viele Menschen haben ihr Leben lang nur den einen selben Job. Da sie nicht wirklich viele andere Jobs ausprobiert haben, wissen sie auch nicht, ob es der richtige Job für sie ist. Die Tendenz geht zwar dahin, in regelmäßigen Abständen den Job zu wechseln, aber meistens nur, um in eine bessere Position mit mehr Gehalt zu kommen. Wie wäre es einfach mal einen komplett anderen Job auszuprobieren?

Diese Übung gibt Dir die Möglichkeit, einfach mal unverbindlich in unterschiedlichste Berufe reinzuschnuppern. In der Schule müssen die Kinder ein oder zwei Praktika machen. Ist das ausreichend, um zu wissen, welches der richtige Beruf ist? Für die Meisten leider nicht. Auch gibt es viele Menschen, die nach Jahren in ihrem Beruf feststellen, dass dieser Beruf sie nicht erfüllt. Auch da ist es sinnvoll mal in andere Berufe reinzuschnuppern.

Noch ein Hinweis zur Bezahlung. Dir ist sicherlich bekannt und bewusst, dass unterschiedliche Berufe auch unterschiedlich gut bezahlt werden. Die Meisten machen Ihre Berufswahl sehr stark von dem möglichen Einkommen abhängig. Ist das wirklich das Kriterium, welches für Dein Glück sorgt? Kannst Du mit Geld Glück kaufen?

Aufgabe:

Suche und finde Praktika in Berufen die Dich schon immer interessiert haben. Führe so ein Praktikum durch. Falls Du berufstätig bist, mache es in Deiner Urlaubszeit.

Variationen:

- Mache ein Praktikum in einem Beruf, den Du noch nie machen wolltest.
- Biete in Deiner Firma ein Praktikum an, so dass andere mal Deinen Beruf kennenlernen können.

3.10 Mache das Gegenteil! - Be different!

Unser Leben ist oft geprägt von Erwartungshaltungen der Umwelt, beispielsweise in der Firma, vom Partner, von der Familie, von Freunden. Diese Erwartungshaltungen sind unsichtbar und werden oft gar nicht wahrgenommen. Erwartungen entstehen nur in zwischenmenschlichen Beziehungen. Nicht die Firma erwartet, dass Du Dich so und so verhältst, sondern die Menschen dort. Und vielleicht erwarten sie es auch nur, weil sie glauben, dass es auch von ihnen erwartet wird. Nun versuchen auch einige Leute, durch gesellschaftlich geprägte Erwartungshaltungen Nutzen zu ziehen, leider oft zu Deinem Nachteil.

In der Psychologie wurden Muster entdeckt, wie man Leute durch geschickte Techniken manipulieren kann, indem man einfach bestimmte „Knöpfe" drückt und damit ein gewünschtes Verhalten auslöst. Unsere Werbewelt ist voll von diesen „Knöpfedrückern".

Und von diesen Erwartungshaltungen emanzipierst Du Dich jetzt. Das heißt nicht, dass Du jetzt sozial unverträglich werden sollst, sondern dass Du zukünftig bewusst entscheidest, was Du tust und warum.

Aufgabe:

Erstelle eine Liste mit Dingen, von denen Du meinst, dass sie von Dir erwartet werden, wie z. B. im Anzug ins Büro gehen. Gerade in Partnerschaften etabliert sich nach einer gewissen Zeit eine Erwartungshaltung. Durchbrich diese und sprich dann mit Deinem Partner darüber.

Variationen:

- Gehe mal im Schlafanzug oder Bademantel einkaufen.
- Sage einen Tag lang zu allen Bitten, die an Dich gerichtet werden Nein.
- Rasiere Dir eine Glatze.

3.11 Bewegungsabläufe ändern! - Move your body!

Die Persönlichkeit von uns Menschen zeigt sich unter anderem auch in unseren Bewegungen. Es gibt Wissenschaftler, die behaupten, dass wir unsere Persönlichkeit daher auch verändern können, indem wir unsere Bewegungen, bzw. Bewegungsabläufe verändern. Wenn z. B. eine schüchterne Person kleine leichte Schritte macht und nun anfängt, mit großem festen Schritt durch die Welt zu gehen, dann ändert sich auch der entsprechende Wesenszug.

In dieser Übung hast Du Gelegenheit das für Dich herauszufinden. Mit welchen Bewegungen fühlst Du Dich wohl und mit welchen nicht? Welche Bewegung hat welchen Einfluss auf Deine Persönlichkeit?

Manche Leute haben Bedenken, dass sie durch diese Veränderungen gar nicht mehr sie selber sind. Dabei erlernen wir alle diese Abläufe in der Kindheit nur durch das unbewusste Abschauen bei unseren Eltern und Geschwistern. Sei Dir dessen bewusst und verändere mit diesem Wissen im Hintergrund Deine Bewegungsabläufe.

Aufgabe:

Mache Dir Gedanken darüber wie Du Dich bewegst. Filme Dich wie Du gehst, stehst, sitzt usw. Sieh Dir Menschen an, die für Dich eine erstrebenswerte Persönlichkeit, bzw. Ausstrahlung, besitzen. Wie bewegen sie sich? Verändere Deine Bewegungen in diese Richtung und bewege Dich so mindestens so lange, bis Du Dich komfortabel damit fühlst. Wie geht es Dir jetzt? Wie gehen die Menschen jetzt mit Dir um? Welche Veränderungen stellst Du fest?

Variationen:

- Wie bewegen sich Deine Lieblingsschauspieler in unterschiedlichen Rollen?
- Wie bewegen sich Menschen, die Dir in ihrer Persönlichkeit oder Ausstrahlung nicht so zusagen?

3.12 In anderen Sprachen sprechen! - Babel!

Fast alle lernen wir in der Schule Fremdsprachen und wenden diese - wenn überhaupt - allenfalls noch im Urlaub an. Sprachforscher haben untersucht, welche Auswirkungen ein Sprachwechsel auf unsere Weltsicht hat. Dazu haben sie verschiedene Fragen gestellt, die einmal in der Muttersprache und einmal in einer Fremdsprache zu beantworten waren. Was sie dabei herausgefunden haben ist, dass beim Beantworten der gleichen Frage in der Fremdsprache andere Regionen im Gehirn aktiv sind, die nicht für die Sprache zuständig sind. In den Antworten zeigte sich, dass sich auch die Ansichten der Befragten teilweise veränderten. Die Gefühle, die sie mit bestimmten Themen verbanden, waren nicht die Gleichen, wie die, als sie in ihrer Muttersprache antworteten. Die Forscher schlossen daraus, dass wir die Worte unserer Muttersprache mit Gefühlen besetzen. So ist z. B. für die meisten das Wort „arbeiten“ eher negativ besetzt. Das englische Verb „to work“ löst aber bei den meisten keinerlei Gefühlsregung hervor.

Diesen Mechanismus nutzen wir für diese Übung.

Aufgabe:

Nutze alle Gelegenheiten zur Konversation in einer Fremdsprache. Wenn nötig, schaffe Dir welche in Form von Konversationsgruppen, schaue Filme im Originalton an, kommuniziere in fremdsprachigen Foren im Internet.

Variationen:

- Wenn nötig, kommuniziere mit Händen und Füßen, Verständigung findet auch nonverbal statt.

3.13 Sammle Spenden! - Charity!

Jedes Jahr, kurz vor Weihnachten, wird wieder verstärkt zum Spenden aufgerufen. Immer wieder trifft man Menschen, die für das eine oder das andere sammeln. Dabei werden sie nicht selten von Passanten angemotzt. Trotzdem bleiben die Meisten gut gelaunt und verfolgen weiter ihr hohes Ziel.

Der Sinn in dieser Übung besteht darin, dass Du Dich ohne eigenen Nutzen für eine gute Sache zur Verfügung stellst und auch für etwas eintrittst. Du lässt Dich dabei nicht von den Reaktionen der angesprochenen Menschen verunsichern, sondern verfolgst weiter Dein Ziel.

Aufgabe:

Suche Dir eine sinnvolle Sache aus, für die es sich lohnt Geld zu sammeln. Davon gibt es in der heutigen Zeit leider genug. Stell Dich an eine belebte Stelle und bitte die Passanten um Spenden. Spende das eingenommene Geld vollständig.

Variationen:

- Gehe in Firmen und bitte um Spenden.
- Erbettele Dir das Geld und spende es vollständig.

3.14 Gedichte rezitieren! - Poems!

Die Arbeit an der eigenen Komfortzone ist für viele Bereiche sinnvoll, auch in die Psychotherapie dringt sie vermehrt vor. Beispielsweise werden sogenannte soziale Phobien heute mit speziellen Übungen wie der nachfolgenden behandelt.

Unsere Handlungen machen wir oft von anderen und dem, was sie über uns denken könnten, abhängig. Bei der sozialen Phobie ist dieses Muster sehr ausgeprägt. Es wurde uns unbewusst schon in der Kindheit mitgegeben.

Mit dieser Übung machen wir uns jetzt von den möglichen Bewertungen anderer unabhängiger. Wir können sowieso nicht wissen, was andere denken. Wir interpretieren. An uns liegt es nun, für uns konstruktive Bewertungen zu finden.

Aufgabe:

Suche Dir schöne Gedichte aus, gehe auf einen belebten Platz oder Markt und rezitiere die Gedichte laut und mit entsprechender Betonung.

Variationen:

- Singe die Gedichte oder andere schöne Lieder.
- Erzähle spannende Geschichten.

3.15 Improvisationstheater! - Improve yourself!

Das Improvisationstheater wurde Mitte des 20. Jahrhunderts von Keith Johnstone entwickelt und hält immer mehr auch Einzug in Bereiche der Persönlichkeitsentwicklung.

Durch den ständigen Wechsel von Rollen und Situation trainierst Du Deine Spontanität, Deine Flexibilität und Deine Körpersprache.

Du wirst merken, wie sehr Dich das Theater in Deiner Entwicklung weiterbringt.

Aufgabe:

Suche Dir ein Improvisationstheater und spiele dort mit.
Recherchiere im Internet für Deine Umgebung, in vielen Städten werden Kurse für Anfänger angeboten. Nimm an einem Kurs teil.

Variationen:

- Gründe selber eine Improvisationsgruppe und eignet Euch das nötige Wissen an.

3.16 Stelle die Übungen online! - Share!

Oft ist es ganz hilfreich seine Eigenwahrnehmung mit Fremdwahrnehmung abzugleichen, sich Feedback von anderen einzuholen und Erfahrungen mit anderen zu diskutieren. Dazu bietet das Internet die ideale Plattform. Dort kannst Du je nach Wunsch anonym oder auch öffentlich alle Themen präsentieren und diskutieren.

Foren, Blogs und Broadcaster wie YouTube leben davon, dass Menschen sich aktiv beteiligen. Sie geben Dir die Möglichkeit Deine Fragen zu jedem Thema zu stellen, Deine Gedanken mit anderen zu teilen und zu diskutieren, Deine Videos und Fotos zu veröffentlichen. Es gibt sogar Menschen, die auf diesem Weg zum Star geworden sind.

Aufgabe:

Nimm Dich bei den Übungen auf und stelle die Videos online. Poste den Link im Komfortzonenforum oder an die Autoren. Poste auch Deine Erfahrungen mit den Übungen und Ideen für weitere Übungen im Forum.

3.17 Werde Mnemotechniker! - Johnny Mnemonic!

Vor der Erfindung des Buchdrucks war Wissen ein sehr wertvolles Gut, über das nur wenige Menschen verfügen konnten. Bücher mussten mühevoll von Hand abgeschrieben werden, das meiste Wissen wurde über die Sprache weitergegeben.

Heutzutage findet man dagegen überall die Tendenz, sich Sachen gar nicht mehr zu merken und lieber gleich irgendwo im Internet oder anderen Quellen nachzuschauen. Und trotzdem befindet sich die Mnemotechnik heute in einer Renaissance, vielerorts wird diese uralte Technik in neuen Kleidern verpackt als Wunderwaffe präsentiert.

Früher haben sich die Leute das Wissen gemerkt, indem sie sogenannte Mnemotechnik angewendet haben. Auch heute noch ist die Mnemotechnik in den Ländern vertreten, in denen das Analphabetentum weit verbreitet ist. Es wurde festgestellt, dass Analphabeten ein viel besseres Gedächtnis haben als die Menschen, die sich auf das schriftliche Fixieren der Sprache verlassen. Und ein gutes Gedächtnis ist auch heute in vielen Situationen nützlich, findest Du nicht?

Wenn Du Dich für die Geschichte der Mnemotechnik interessierst, lege ich Dir das Buch „The Art of Memory“ von Frances A. Yates nahe, einer bedeutenden Historikerin. Sie beschreibt dort die Entwicklung der Mnemotechnik, einschließlich beeindruckender Schilderungen der Systeme von Genies, die ganze Bibliotheken visualisiert haben und in ihrem Gehirn repräsentieren.

Aufgabe:

Beschäftige Dich mit Mnemotechniken, nutze sie und trainiere Dein Gedächtnis.

Variationen:

- Entwickle für Dich eine Merkmethode, die auf der Mnemotechnik beruht. Überlege Dir beispielsweise „merkwürdige“ Orte wie Bibliotheken und visualisiere diese in Deinem Kopf. Sie bilden die Ausgangsbasis für Deine Mnemotechnik.

3.18 Wortschätze! - Strange words!

In Alltagsgesprächen benutzen wir heutzutage maximal 800 Wörter, wenn wir andere Sprachen lernen, brauchen wir nur zwischen 100-300 Wörter, um uns verständlich zu machen. Für Zeitschriften und Vorträge brauchst Du dann schon einen umfassenderen Wortschatz von 5.000 Wörtern. Während einfache Boulevardzeitungen einen Wortschatz von ca. 400 Wörtern nutzen, greifen andere Tageszeitungen auf ungefähr 5.000 Worte zurück. Alleine durch das Wechseln der Tageszeitung kannst Du Deinen Wortschatz leicht erweitern. Goethes überlieferter Wortschatz umfasst sogar unglaubliche 90.000 Wörter.

Deine Flexibilität drückt sich auch durch Deine Sprache aus. Je größer Dein Wortschatz ist, desto besser kannst Du Deine Persönlichkeit ausdrücken. Je skurriler und merkwürdiger das Wort ist, umso mehr musst Du Dich bemühen, Gespräche um dieses Wort herum zu bauen. Und wenn Du das lange genug machst, wird Dich beim Scrabble niemand mehr schlagen können.

Aufgabe:

Lerne jeden Tag ein neues Wort und benutze es im Laufe des Tages 10 mal. Mache dies mindestens einen ganzen Monat. Fange mit Wörtern an, die gut zu Deiner Sprache passen und wechsle dann zu komplizierteren Wörtern.

Variationen:

- Lerne das neue Wort gleichzeitig in einer Fremdsprache.

3.19 Halte einen Vortrag! - Teaching lesson!

Die Angst vor Gruppen zu sprechen ist weit verbreitet. Woran auch immer das liegt, es wird Zeit das zu ändern. Sich und sein Wissen vor einem Auditorium zu präsentieren verlangt und gibt eine Menge Selbstvertrauen. Man muss darauf vertrauen, dass man etwas zu sagen hat.

Zusätzlich kann man lernen, die Zuhörer zu fesseln, sie in Geschichten hinein zu ziehen und sie zum Lachen zu bringen. Wenn einem das vor einer größeren Gruppe gelingt, dann ist es ein Leichtes das auch in kleinen Gruppen oder in persönlichen Gesprächen zu erreichen.

Aufgabe:

Arbeite Dich in ein Thema Deiner Wahl ein und organisiere einen mind. 2 stündigen Vortrag mit mind. 20 Zuhörern. Es steht Dir dabei frei ob Du Geld verlangst oder nicht.

Variationen:

- Bereite Dich auf ein Thema vor, welches Dir gar nicht liegt und halte dazu einen Vortrag unter gleichen Bedingungen.
- Nimm Deinen Vortrag mit einer Videokamera auf und analysiere ihn. Was war gut und was kannst Du besser machen? Erinnere Dich dabei auch nochmal an Übung 3.11.

3.20 Sei ein Mentor! - Mentoring!

Wir unterschätzen oft, wieviel wir in unserem Leben schon gelernt haben. Viele denken, dass ihre Fähigkeiten nichts Besonderes sind und dass das jeder kann. Ok, es ist sehr wahrscheinlich, dass es immer jemanden gibt, der auf dem einen oder anderen Gebiet mehr weiß als Du, in der Gesamtheit Deines Wissens und Deiner Erfahrungen bist Du aber einzigartig. Genauso, wie es fast immer Menschen gibt, die in bestimmten Gebieten mehr Wissen und mehr Erfahrung als Du haben, gibt es aber auch immer Menschen, die weniger Wissen und weniger Erfahrung haben und die von Dir stark profitieren können.

Aufgabe:

Überlege Dir, in welchem Bereich Deines Lebens andere von Deinem Wissen und von Deinen Erfahrungen profitieren können. Suche Dir ein oder mehrere Mentee und begleite sie einen Stück des Weges und gib dabei Deine Erfahrung und Dein Wissen weiter.

Variationen:

- Suche Dir „virtuelle" Mentoren, die Dich beispielsweise per eMail unterstützen
- Melde Dich auf www.bbbsd.org als Mentor an und unterstütze Kinder.

3.21 Wahrheit! - Tell the truth!

Kennst Du den Film „Der Dummschwätzer“? In diesem Film spielte Jim Carrey einen Anwalt, der durch einen Geburtstagswunsch seines Sohnes nur noch die Wahrheit sagen kann. Dadurch gerät er in allerlei komische Situationen.

Den meisten von uns ist bestimmt noch gar nicht aufgefallen, wie oft wir am Tag etwas flunkern, um unangenehmen Situationen auszuweichen. Dieser Tag bringt nun die Wahrheit ans Licht...

Aufgabe:

Sage einen Tag nur die Wahrheit. Bei wirklich brisanten Situationen, z. B. bei Gesprächen mit Deinem Chef kannst Du es Dir natürlich überlegen, gar nichts zu sagen. Lügen sind nicht gestattet, auch keine Notlügen.

Variationen:

- Mache das eine Woche lang.

3.22 Kontakt mit Prominenten aufnehmen! - V. I. P. Alarm!

Über 90% der Menschen halten sich für durchschnittlich und denken nicht einmal daran, dass sie für Größeres geschaffen sind. Dabei unterscheiden sich diese von den 10% nicht durch geringere Fähigkeiten, sondern ganz einfach nur durch eine andere Denkweise. Diese 10% setzen sich sehr hohe Ziele, was einen wirklichen Wechsel in der Gedankenstruktur zur Folge hat.

Hältst Du es beispielsweise bislang für möglich, mit einem Prominenten zu sprechen, ohne dass der Kontakt für Dich hergestellt wird? Nein? Dann wirst Du gleich sehen, dass eigentlich unmögliche Ziele ganz leicht sein können, wenn man die dazu gehörige Denkweise hat.

Aufgabe:

Kontaktiere einen Prominenten Deiner Wahl. Überlege Dir vorher eine Frage, die Du ihm stellst. Die Frage sollte aufrichtiges Interesse widerspiegeln, so als wärst Du ein guter Bekannter und kein Fan. Interessiere Dich für seine Arbeit und nicht für Privates.

3.23 Erschaffe Kunst! - Create art!

Wer definiert eigentlich, was Kunst ist? Die Schreiber der Feuilletons? Hape Kerkeling mit „Hurz“, Helge Schneider mit „Katzeklo“ und Joseph Beuys mit all seinen Kunstwerken haben eindrucksvoll bewiesen, dass Kunst immer von der Sichtweise abhängt, mit der ihr begegnet wird. Außerdem haben sie bewiesen, dass alles Kunst sein kann.

Demzufolge kann jeder Kunst machen. Was hat Dich bislang davon abgehalten, Deine eigene Kunst zu machen?

Aufgabe:

Erschaffe Deine eigene Kunst mit Sachen, die sich jetzt im Moment in Deiner Umgebung befinden. Nimm Dir einige Stunden Zeit und verwandle die Sachen in Kunst. Überlege Dir einen Namen für die Kunstform, die Du gerade geschaffen hast. Gehe mit den neu erschaffenen Kunstwerken in eine Fußgängerzone, stelle sie aus und erkläre den vorbeigehenden Passanten, was Deine Kunstwerke ausmacht und wieso sie künstlerisch so wertvoll sind.

Variationen:

- Finde Galerien, die Deine Kunst ausstellen.

4 Beziehungen

Hier findest Du ein paar Übungen, die Deine Beziehung stärken.

4.1 Schau mir in die Augen! - For your eyes only!

Die Augen sind der Spiegel der Seele. Durch die Augen tritt man in eine tiefe Verbindung miteinander. Es lassen sich Gefühle und Gedanken übertragen. In der Verliebtheitsphase schauen sich die Paare noch oft in die Augen. Nach und nach sehen wir unserem Partner immer seltener in die Augen. Bei Studien wurde sogar festgestellt, dass viele noch nicht mal die Augenfarbe ihrer Partner wissen.

In Übung 1.1 hast Du ja schon die unterschiedlichsten Erfahrungen damit gemacht anderen Menschen in die Augen zu sehen. Jetzt ist es an der Zeit Deinem Partner mal wieder intensiv in die Augen zu schauen. Nicht während Du ihm erzählst wie Dein Tag heute war, sondern mit Deiner vollen Aufmerksamkeit bei Deinem Partner und Eurer Verbindung.

Aufgabe:

Nehmt Euch 4 Wochen lang jeden Tag mindestens 10 Minuten Zeit, um Eurem Partner in die Augen zu sehen. Sorgt dafür, dass Ihr nicht gestört werdet. Setzt Euch in einer gemütlichen Atmosphäre gegenüber und seht Euch mindestens 10 Minuten nur in die Augen. Seid still und beobachtet Eure Gedanken und Gefühle. Sprecht danach über Eure Erfahrungen.

Variationen:

- Atmet bei der Übung im gleichen Rhythmus.
- Sucht euch für die Übung schöne Plätze.
- Haltet Euch während der Übung an den Händen.

4.2 Im Dunkeln essen! - Eat the darkness!

Nachdem Ihr in der vorherigen Übung Euren Fokus auf den visuellen Sinn gelegt habt, werdet Ihr auf diesen in dieser Übung vollständig verzichten.

Unsere heutige Welt legt den Fokus sehr stark auf die Eindrücke, die wir mit unseren Augen wahrnehmen. Dadurch werden unsere restlichen Sinne unverhältnismäßig wenig gefordert und gefördert. Schon wenn wir ein paar Minuten die Augen schließen, nehmen wir die Welt vollkommen anders wahr. Erstmal kann uns das auch ein wenig verunsichern. So nach und nach könnt Ihr aber spüren, wie sich Eure restlichen Sinne schärfen. Lasst Euch auf eine Welt ein, in der Ihr noch intensiver riecht, spürt und schmeckt und genießt das zusammen.

Aufgabe:

Kocht zusammen ein Essen Eurer Wahl. Deckt den Tisch und dunkelt den Raum vollständig ab. Sorgt dafür, dass Ihr vollkommene Ruhe habt. Falls der Raum nicht vollständig abdunkelbar ist, besorgt Euch Schlafmasken oder verbindet Euch die Augen, so dass Ihr Beide wirklich nichts sehen könnt. Esst mit Besteck was Ihr vorher so schön gemeinsam gekocht habt.

Variationen:

- Füttert Euch gegenseitig.
- Esst ohne Besteck.
- Geht in ein Dunkelrestaurant und lasst Euch im Dunkeln verwöhnen.
- Bereitet auch Euer Essen im Dunkeln zu.

4.3 Den Partner loben! - Compliment time!

In Übung 1.7 hast Du Deine Komplimente schon an Fremde, Freunde und Bekannte verteilt und erfahren, welche Reaktionen das auslöst. Warum in die Ferne schweifen, wenn das Glück so nah liegt. Jetzt, wo wir wissen, wie wir die schönen Seiten an unseren Mitmenschen wahrnehmen und durch ein Lob hervorheben können, wird es Zeit, auch unsere Partner damit zu beglücken.

Auch Dir tut es sicher gut jeden Tag neue schöne Seiten an Deinem Partner zu sehen, die Dir vorher vielleicht noch nie aufgefallen sind. Manchmal sind es die kleinen Dinge, die uns Freude bereiten.

Aufgabe:

Gebt Euch 4 Wochen lang gegenseitig täglich mind. 5 ehrliche Komplimente, wie in Übung 1.7 beschrieben. Verzichtet in dieser Zeit außerdem auf jegliche Vorwürfe, Schuldzuweisungen und Kommentare, die ein schlechtes Gewissen beim Anderen auslösen können.
Verzichtet einfach auf alles, was bei Euch schlechte Gefühle auslöst und macht alles, was Euch gute Gefühle gibt.

4.4 Gedicht schreiben! - Poetry slam!

Vor Jahrhunderten war es noch üblich, dass sich Liebende ihre Gefühle in Versen, Gedichten, Minne-Gesängen und ähnlichem kund getan haben. Viele dieser Werke reißen uns noch heute mit in diese romantischen Gefühlswelten und gehören daher zu den wichtigsten Kulturschätzen der Menschheit.

In der vorherigen Übung habt Ihr schon herausgefunden, was Euer Partner alles an liebenswerten Eigenschaften zu bieten hat. Was liegt näher als dies für immer schriftlich festzuhalten und so Eurem Partner eine nochmalige Freude zu bereiten?

Aufgabe:

Schreibt Eurem Partner ein Gedicht. Schreibt es auf richtigem Papier mit dem besten Stift, den Ihr habt. Vielleicht habt Ihr ja sogar eine Feder. Schreibt nur schöne Dinge und vermeidet Verneinungen.

Variationen:

- Schreibe einen Liebesbrief.
- Kaligraphiere das Gedicht oder den Liebesbrief.
  Trage das Ergebnis laut vor.

4.5 Eine Stunde für die Beziehung! - One hour love week!

Seit Urzeiten wird für die Beziehungspflege die Kraft von Ritualen genutzt. Fast in Vergessenheit geraten, halten sie heute wieder verstärkt Einzug in unser Leben.

Sich auf jemanden wirklich tief einzulassen heißt auch, die Aufmerksamkeit auf die entsprechende Person zu richten und für die eigene Person zuzulassen. Dafür ist es wichtig, sich die notwendige Zeit zu nehmen. Damit ist nicht einfach nur gemeint, Zeit miteinander zu verbringen, diese Zeit muss auch miteinander und füreinander genutzt werden. Das gestaltet sich z. B. vor dem Fernseher etwas schwierig. In der Übung 2.11 habt Ihr ja schon Erfahrungen damit gemacht, auf die Medien zu verzichten.

Ganz so streng müsst Ihr Euch hier nicht verhalten. Wenn Ihr sonst nie fern seht, dann kann es auch mal ganz schön sein gemeinsam einen Film zu sehen und dann darüber zu sprechen. Insgesamt ist aber das Ziel dieser Übung sich einander zuzuwenden und miteinander die Zeit zu verbringen, nicht nebeneinander. Genießt den Anderen bei Euch zu haben und zeigt Euch das. Lacht miteinander und erlebt gemeinsam schöne Momente, an die Ihr Euch noch lange erinnert. Erlebt auch im täglichen Leben immer wieder solche Momente.

Aufgabe:

Nehmt Euch jede Woche mindestens eine Stunde Zeit für die Pflege Eurer Beziehung. Legt diese Stunde auf eine spezielle Zeit und sorgt dafür, dass Ihr die Zeit vollkommen für Euch habt. Bestimmt abwechselnd, was Ihr in dieser Zeit macht.

Variationen:

- Massiert Euch in der Zeit, jeweils abwechselnd eine Stunde lang.
- Verlängert die gemeinsame Zeit jede Woche um eine halbe Stunde. Die Zeit muss nicht zusammenhängend sein, aber jeder Block sollte mindestens eine Stunde haben.

4.6 Zwiegespräch! - Dualog!

Die Idee des Zwiegesprächs stammt ursprünglich aus der Paartherapie. Dort wird es eingesetzt, um in Partnerschaften die augenblicklichen Belastungen zu ermitteln und im Dialog aufzulösen. Das Zwiegespräch ist ein Selbsthilfekonzept, welches in eigener Regie durchgeführt wird. Das Schöne dabei ist, dass es auch in gut funktionierenden Beziehungen hilft, die Partnerschaft noch mehr zu vertiefen.

In Beziehungen kann es sein, dass sehr viel Rücksicht aufeinander genommen wird, manchmal zuviel. Es gilt ja heute als nicht schicklich, ausschließlich von sich selber zu erzählen. In einer Beziehung ist es aber wichtig, dass der Andere darüber Bescheid weiß, was in einem vorgeht und was einen emotional beschäftigt.

In dem Zwiegespräch soll die eigene Sichtweise dem Anderen mitgeteilt werden. Vermeidet deswegen, in diesem Gespräch vom anderen zu sprechen.

Das Zwiegespräch führt Ihr über eine gewisse Zeit regelmäßig durch. Ich habe schon von Leuten gelesen, die das Zwiegespräch seit vielen Jahren durchführen und eine sehr glückliche Beziehung haben.

Aufgabe:

Nehmt Euch 60 Minuten Zeit für das Gespräch und achtet darauf, dass Ihr nicht gestört werdet. Nun hat der beginnende Partner 15 Minuten Redezeit, in der er ausschließlich von sich selber spricht und von dem anderen nicht unterbrochen wird. Das Thema der 15 Minuten ist „Was bewegt mich im Moment am Meisten?". Dabei ist es egal, ob das Thema innerhalb oder außerhalb der Beziehung angesiedelt ist. Sind die 15 Minuten um, werden die Rollen gewechselt und die nächsten 15 Minuten gehören dem Anderen. Dann könnt ihr jeweils noch einmal wechseln, so dass jeder 2 mal dran war. Frühestens am nächsten Tag solltet Ihr über Eure Erfahrungen sprechen.

Variationen:

- Nehmt Euch 90 Minuten Zeit und wechselt zusätzlich noch einmal durch.

4.7 Sich fallen lassen! - Falling down!

Immer wieder möchten sich Partner in der Beziehung fallen lassen können. Sie meinen damit sicher etwas anderes als Ihr das jetzt in dieser Übung erfahren werdet und trotzdem geht es um die gleichen Themen.

Ihr werdet hier lernen, Eurem Partner zu vertrauen, loszulassen und zu erleben, dass Ihr immer wieder aufgefangen werdet.

Aufgabe:

Stellt Euch hintereinander, wobei der Hintere einen sicheren Stand einnehmen muss. Stellt Euch am Anfang nicht zu weit auseinander. Die hintere Person signalisiert der vorderen Person wenn sie bereit ist. Daraufhin lässt sich die vordere Person nach hinten fallen und wird aufgefangen. Das wiederholt Ihr immer wieder, wobei Ihr den Abstand immer weiter erhöht. Dadurch werden die Phasen des Fallens immer länger. Erhöht den Abstand nur so weit, wie die hintere Person die vordere noch komfortabel auffangen kann. Tauscht dann die Positionen.

Variationen:

- Wenn Euch der Partner zu schwer ist, holt Euch Hilfe bei einer Person Eures Vertrauens.

4.8 Blindes Vertrauen! - Blind trust!

Vertrauen ist eine der wichtigsten Grundlagen für eine glückliche Beziehung. Vertrauen teilt sich aber auch in zwei verschiedene Richtungen: das Vertrauen in den Anderen und das Vertrauen in Dich selbst.

Übungen für das eigene Selbstvertrauen behandelt das komplette Kapitel 3, hier geht es um das Vertrauen in den Anderen.

Aufgabe:

Entscheidet, wer führt und wer geführt wird. Der, der führt hat auch die Verantwortung für den Anderen. Der Geführte bekommt eine Augenbinde. Führe Deinen Partner einen Tag lang durchs Leben. Sei immer für ihn da, kümmere Dich um ihn, bereite ihm das Essen, führe ihn überall hin und schenke ihm all Deine Aufmerksamkeit und Liebe. Tauscht die Rollen an einem anderen Tag.

Variationen:

- Vereinbart vorher, was Ihr im Laufe des Tages machen wollt.

4.9 Ein Tag im Bett! - Stay in bed!

Wenn wir frisch verliebt sind, verbringen wir leicht ein ganzes Wochenende im Bett mit unserem Partner. Wenn dann der Alltag Einzug in unsere Beziehung hält, dann wird die so verbrachte Zeit immer kürzer. Wenn dann auch noch Kinder da sind, fällt es den meisten Paaren sehr schwer, sich überhaupt die Zeit füreinander zu nehmen.

Mit dieser Übung bekommt Ihr die Gelegenheit, Euch wieder an die verliebten Anfänge Eurer Beziehung zu erinnern und diese noch einmal und immer wieder zu genießen.

Aufgabe:

Verbringt zusammen einen ganzen Tag nur im Bett. Sorgt dafür, dass Ihr die gesamte Zeit ungestört bleibt. Bereitet vorher das Essen zu, so dass Ihr nur kurz aufstehen müsst, um es zu holen, und dann gemeinsam im Bett essen könnt. Ihr könnt das Essen der Einfachheit halber auch bestellen. Sprecht über schöne Dinge, lasst aber den Alltag hinter Euch. Verwöhnt Euch durch liebe Worte, Berührungen und Massagen.

Variationen:

- Verbringt ein ganzes Wochenende gemeinsam im Bett.
- Verzichte auf jegliche Medien, die Euch voneinander ablenken.
- Verbringt die Zeit im Dunkeln oder mit Augenbinden.

4.10 Dem anderen einen Tag schenken! - Give a day!

Immer wieder gehen wir in Beziehungen Kompromisse ein, die dann keinen von beiden glücklich machen. Was passiert, wenn Du Deinem Partner einen Tag schenkst, an dem Ihr macht was er sagt. Dabei ist es ganz wichtig, dass Du Spaß daran hast, auch wenn es normalerweise nichts für Dich ist.

Lasse Deinen Partner spüren, dass Du es gerne machst und dass es Dir wichtig ist ihn glücklich zu machen. Dazu ist es vielleicht nötig, dass Du Deine eigenen Bedürfnisse und Wünsche zurück stellst. Du solltest auch keine Direkte Gegenleistung erwarten.

Aufgabe:

Schenke Deinem Partner einen Tag. Er bestimmt was gemacht wird und Du bist mit Spaß dabei. Kümmere Dich um alles, so dass der Tag ein voller Erfolg wird und Ihr noch lange davon sprecht.

Variationen:

- Überlege Dir, womit Du Deinen Partner glücklich machen könntest und organisiere einen Tag für ihn.
- Macht etwas zusammen, was Ihr bisher noch nicht zusammen oder noch gar nicht gemacht habt.
- Macht solche Tage regelmäßig.

5 Körperliche Grenzerfahrungen

Auch mit dem Körper kannst Du Deine Komfortzone verlassen.

5.1 Adrenalin! - Extreme adrenaline!

Wenn es darum geht die Komfortzone zu verlassen, dann denken viele an Übungen, wie sie jetzt auf Dich zukommen. Dabei geht es um körperliche Grenzerfahrungen. Erfahrungen, die wir vor einigen Jahren so einfach noch nicht hätten machen können, da uns die technischen Möglichkeiten noch nicht so lange zur Verfügung stehen.

Mit diesen Übungen werden einige der Grundängste aktualisiert. Für jeden von uns sind sie unterschiedlich stark. Daher empfehle ich Dir, so nach und nach alle Variationen auszuprobieren. Vielleicht fallen Dir auch noch weitere ein.

Leider sind diese Übungen technisch anspruchsvoll zu realisieren und kosten daher auch mehr oder weniger Geld. Falls Du Dir das nicht so einfach leisten kannst, dann lasse Dir eine Komfortzonenübung einfallen, um zu dem nötigen Geld zu kommen. Vielleicht findest Du ja auch Wege die Übungen ohne finanziellen Aufwand machen zu können. Sei kreativ. Für Anregungen wirf einen Blick auf www.immermehrleben.de

Aufgabe:

Sieh Dir die Variationen an und mache eine nach der anderen. Beobachte wie es Dir davor, dabei und danach geht. Falls Dir auffällt, dass Du eine der Aufgaben vor Dir herschiebst, dann mache sie so bald wie möglich. Beobachte, welche Auswirkungen diese Übungen auf Dein Leben haben.

Variationen:

- Mache House Running.
- Spring Fallschirm.
- Geh Segelfliegen/Gleitschirmfliegen.
- Geh Klettern.
- Geh Tauchen.
- Spiel mit Schlangen, Spinnen usw.
- Springe vom 10m Turm.
- usw.

5.2 Mach Sport! - Just do it!

Leider müssen viele Menschen ihre Komfortzone schon verlassen, nur um regelmäßig Sport zu machen. Dies ist umso erstaunlicher, da wir seit vielen Jahren einen richtigen Fitness- und Gesundheitshype erleben. Ich möchte Dich nicht von diesem Hype überzeugen, sondern, dass Du für Dich ausprobierst, ob Dir das gut tut oder nicht.

Falls Du schon regelmäßig Sport treibst möchte ich Dich für neue Sportarten interessieren. Besonders wichtig finde ich es auch mal Sportarten auszuprobieren, die vordergründig dem anderen Geschlecht vorbehalten sind. Probiere auch unterschiedlichste Mannschaftssportarten aus.

Aufgabe:

Treibe die nächsten 4 Wochen mind. 2 mal in der Woche Sport.
Dann suche Dir eine Gruppen-Sportart, die Dir sonst nicht liegt oder normalerweise eher dem andere Geschlecht zugeordnet wird. Wenn Du ein Mann bist, kannst Du beispielsweise Aerobic oder Bauch Beine Po-Training machen, bist Du eine Frau, spiele Fußball. Probiere dabei unterschiedlichste Sportarten aus. Wie schon in Übung 2.15 kannst Du auch hier meistens kostenlose Probestunden nutzen.

Variationen:

- Gehe zu einer Sportveranstaltung, die Dich normalerweise nicht interessiert, z. B. ins Fußballstadion. Umso mehr Zuschauer, umso besser.

5.3 Fasten! - NO food!

Fasten ist natürlich, in der heutigen Überflussgesellschaft aber stark in Vergessenheit geraten. In jedem Menschen steckt die Fähigkeit zum Fasten. Manchmal muss sie nur wieder neu erfahren werden. Je öfter man fastet, umso schneller und einfacher schaltet der Körper aufs Fasten um. Fasten gehört zur Grunderfahrung des Menschen.

Beim Fasten kannst Du unterschiedlichste Erfahrungen machen. Ich brauche, während ich faste, sehr viel weniger Schlaf. Meistens reichen mir 3 Stunden pro Tag. Außerdem habe ich das Gefühl, vor Energie zu strotzen und ich bin besonders kreativ. Wenn das Essen nicht so lecker riechen und schmecken würde, würde ich am liebsten ständig fasten.

Bitte beachte, dass Du Dich auch wenn Du gesund bist, bei dieser Übung ärztlich begleiten lässt. Frage vorher Deinen Arzt, ob Deine körperliche Konstitution dafür geeignet ist. Falls Du gesundheitliche Probleme hast, dann faste trotzdem. Suche Dir dafür eine Möglichkeit zum begleitetem Fasten, wie es überall in Deutschland immer wieder angeboten wird. Die Fastenbegleiter wissen um die möglichen Probleme, die auftreten können und wie man damit am besten umgeht.

Die Zeit des Fastens ist eine Zeit, in der Du sehr stark mit Dir selbst konfrontiert wirst. Dies kannst Du durch die aufgeführten Variationen noch verstärken.

Aufgabe:

Informiere Dich über das Fasten. Finde heraus, was Du vorher, während und zum Fasten brechen beachten und machen musst. Faste mindestens 1 Woche, besser 14 Tage. Falls Du beim ersten Mal 1 Woche fastest, dann faste später 14 Tage. Beobachte wie Du Dich dabei fühlst. Wie verändert sich im Laufe der Tage Dein Körpergefühl. Nutze die gewonnene Zeit und Energie bewusst. Wie fühlst Du Dich danach? Was hat sich verändert?

Variationen:

- Meditiere während Du fastest. (Übung 5.3)
- Zieh Dich während des Fastens aus der Welt zurück. (Übung 2.11, Übung 7.2)
- Arbeite an Deinem Lebensentwurf.
- Arbeite kreativ.
- Mache Yoga oder Pilates.

5.4 Meditiere! - Meditation!

Neben dem Fasten ist das Meditieren eine der stärksten Möglichkeiten, sich selbst zu erfahren. Das Meditieren hat eine sehr lange Tradition und man findet es in allen Kulturen wieder. Es gab sie schon, bevor das Rad, das Feuer oder die Schrift erfunden wurde. Schon die Steinzeitmenschen entdeckten und nutzten die Kraft der Meditation. So nach und nach entwickelten viele Völker die Meditation zu etwas Essentiellen in ihrer Kultur weiter. In manchen wird sie als Meditation kultiviert und in anderen z. B. als Gebet.

Wir meditieren, um unseren Geist zu entwickeln und Einsicht in unser inneres Wesen zu gewinnen. Meditation lässt uns zur Ruhe kommen, in Zeiten, wo Stress an der Tagesordnung ist. Das haben auch schon viele Persönlichkeiten unserer Zeit für sich entdeckt und schöpfen daraus ihre Kraft.

Durch die Meditation entwickelst Du ein differenzierteres Körpergefühl und lernst dabei Deinen Körper so viel mehr zu akzeptieren. Du aktivierst ungenutzte Potentiale Deines Gehirns und entdeckst, was in Dir steckt. Du findest zu Deiner eigenen Individualität. Zu meditieren kann Dir auch helfen, mit schwierigen Lebenssituationen umzugehen, traumatische Erlebnisse loszulassen und Dich zur inneren Ruhe zu führen. Auch wenn es anfangs schwierig ist, die Stille im Kopf zu erlangen und zu ertragen, es lohnt sich.

Um zu meditieren benötigst Du keinerlei Hilfsmittel, geschweige denn Geld. Nur eine Zeit der Ruhe musst Du Dir gönnen.

Aufgabe:

Es gibt sehr viele Möglichkeiten zu meditieren. Für jeden passen unterschiedliche. Informiere Dich über einige Möglichkeiten und suche Dir eine aus, die am Besten zu Dir zu passen scheint. Falls Du Dir nicht ganz sicher bist, probiere mehrere Möglichkeiten aus. Es kann sein, dass Du auf Wiederstände stößt. Gehe darüber hinweg. Eine genauere Anleitung generell und zu verschiedenen Techniken findest Du auf der genannten Seite.

Variationen:

- Yoga
- Autogenes Training
- geführte Traumreisen
- Blick in ein Flamme

5.5 Steige in den Boxring! - Fight club!

Heutzutage ist es verpöhnt, wenn Kinder sich raufen. Sie sind dann gleich unartig/böse. Scheinbar brauchen wir das aber in unserer Entwicklung, denn wir tendieren alle irgendwann einmal dazu. Problematisch wird es erst, wenn Kinder die stärker sind als andere, dies für eigene Zwecke nutzen. Andererseits kann uns das Raufen Selbstvertrauen und Körperbeherschung geben, trainiert unsere Reaktion und unsere Kraft und hilft uns überschüssige Energie abzureagieren und ungewünschten Stress raus zulassen.

Beachte dabei, dass es nicht um ein Gegeneinander geht, sondern um ein Miteinander. Ziel ist es nicht, den Anderen zu verletzen, sondern sich gemeinsam an seine körperlichen Grenzen zu bringen.

Aufgabe:

Suche Dir eine Möglichkeit, wo Du mit einem Freund, Bekannten oder auch Unbekannten in den Boxring steigen kannst. Zieht Euch Schutzkleidung an. Boxt ohne Runden bis einer aufgibt.

Variationen:

- Rauft oder balgt Euch in einer präparierten Ecke Eurer Wohnung, in der Ihr durch Decken und Kissen vor Verletzungen weitestgehend geschützt seid.
  Tipps auf www.raufen.com

5.6 Floating Tank! - Flow!

Ein Floating Tank ist ein gegen alle äußeren Reize komplett abgeschotteter Raum, der mit Salzwasser gefüllt ist. Das Salzwasser ist temperiert auf die Hauttemperatur und ermöglicht Dir, wie in einem schwerelosen Raum zu schweben.

Der Floating Tank ist im Moment die einzige Möglichkeit eine Zeit frei von jeglichen Sinneseindrücken zu erleben. Es gibt keine Beeinflussung Deiner Gedanken von außen, da um Dich herum scheinbar nichts ist. Es gibt keine fühlbare Umwelt, da das umgebende Wasser und die umgebende Luft genau Deine Körpertemperatur haben. Der Salzgehalt im Wasser ist genau so hoch, dass Du schwebst. Außerdem ist der Tank Schall- und LichtDicht. Du bist also vollkommen mit Dir selbst konfrontiert. Nutze diese Gelegenheit, um Deine innere Welt, die sich durch Deine Gedanken zeigt, zu beobachten.

Aufgabe:

Verbringe eine Stunde im Floating Tank. Einen Floating Tank gibt es in jeder größeren Stadt. Hast Du es geschafft abzuschalten oder kreisten die ganze Zeit Deine Gedanken? Was hast Du gedacht?

Variationen:

- Meditiere (siehe Übung 5.3)
- Fokussiere Dich auf eine Aufgabe und generiere unterschiedlichste Ideen zu ihrer Lösung.

5.7 Keine Macht den Drogen! - Sweet life!

In den meisten Lebensmitteln unserer täglichen Nahrung sind abhängig machende Substanzen enthalten. Das ist uns meistens gar nicht bewusst oder wir ignorieren es. Zucker und Kaffee sind die besten Beispiele dafür. Ich vermute, dass über 80 Prozent der Deutschen zuckersüchtig sind und weit über 50 Prozent koffeinabhängig.

Ich möchte Dich nicht davon abbringen Kaffee zu trinken oder ein Stück Schokolade zu essen. Wichtig ist mir, dass Du die Entscheidung bewusst und nicht aus einer Sucht heraus triffst. Dazu musst Du Dich erstmal komplett von diesen Stoffen befreien.

Ich war sehr stark von Zucker abhängig. Ich musste jeden Tag meine Tafel Schokolade, mein Eis oder ähnliches haben. Manchmal habe ich an einem Abend auch zwei 200g Tafeln Schokolade gegessen oder 1 Liter Eis. Da ist mir bewusst geworden, dass es schon lange nicht mehr um den guten Geschmack geht, denn den kann ich auch mit kleinen Mengen haben. Außerdem bemerkte ich, dass mir diese Mengen nicht gut taten. Ich wurde dicker und fauler.
Ich verbrachte den Abend vor dem Fernseher mit meinen Süßigkeiten in der Hand. Dabei fühlte ich mich gar nicht wohl. Trotz dieser Erkenntnis war es für mich sehr schwierig vom Zucker loszukommen. Immer wieder bin ich rückfällig geworden. Irgendwann habe ich es dann mal geschafft 2 Monate ohne Zucker auszukommen und plötzlich hatte ich gar keinen Appetit mehr auf Süßes. Heute esse ich ab und zu mal ein Stück Schokolade oder eine Kugel Eis. Diese genieße ich dann möglichst intensiv. Den Drang ganze Tafeln auf einmal zu essen verspüre ich nicht mehr. Ich treffe jetzt bewusst die Entscheidung ob ich etwas Süßes essen möchte oder nicht.

Aufgabe:

Verzichte 4 Wochen auf jegliche Drogen, also kein Kaffee, keine Zigaretten, kein Tee, kein Alkohol, kein Zucker, kein Weißmehl, kein Fernsehen ... Falls Du es nicht schaffst auf alle Drogen auf einmal zu verzichten, dann verzichte nacheinander auf die einzelnen Drogen. Wichtig ist, dass Du mindestens 4 Wochen komplett ohne diese Drogen auskommst. Wenn Du auf Zucker verzichtest, dann verzichte auch auf jegliche Zuckerersatzstoffe. Nur der natürliche Fruchtzucker ist erlaubt.

Variationen:

- Ernähre Dich 4 Wochen vegetarisch oder vegan.

5.8 Arbeite körperlich! - Sweat away!

Wir leben in der sogenannten Informationsgesellschaft. Wenn wir arbeiten bewegen sich daher am meisten unser Mund und unsere Finger. Körperlich anstrengend ist das für die Wenigsten. Selbst auf dem Weg zur Arbeit bewegen wir uns kaum noch. Wir fahren mit dem Auto oder den öffentlichen Verkehrsmitteln.

Immer wieder stelle ich fest, wie befriedigend harte körperliche Arbeit sein kann. Während dessen werden von unserem Körper Glückshormone ausgeschüttet. Abends gibt sie einem die Möglichkeit auf sein Tageswerk zu blicken und zu sehen, was man alles mit seiner eigenen Hände Arbeit geschafft hat. Auch der Schlaf ist nach körperlich anstrengender Arbeit viel tiefer und erholsamer.

Während körperlicher Arbeit werden die unterschiedlichsten Muskeln ganz automatisch trainiert und Stress wird abgebaut.

Aufgabe:

Arbeite eine Woche als Erntehelfer, Schreiner, Bauarbeiter usw.

5.9 Schwitzhütte! - Transpiration, Initiation!

Die Schwitzhütte wurde ursprünglich in indianischen Ritualen genutzt, um sich physisch gesund zu halten und um sich von innen heraus zu reinigen. Während der Durchführung kommen Ängste, Spannungen und Blockaden zum Vorschein. Diese kannst Du beobachten und Dich ihnen in den folgenden Tagen intensiver widmen.

Das Erlebnis Schwitzhütte geht weit über die Sauna hinaus. Erstens sitzt man viel länger in der Schwitzhütte. Zweitens ist es meistens sehr unbequem und eng, je nachdem wieviele Teilnehmer mitmachen. Und als wäre das nicht schon genug, ist sie zusätzlich auch noch extrem heiß.

Nach meinem ersten Schwitzhüttenerlebnis war ich lange sehr euphorisch. Während der Zeremonie hatte ich mehrmals den Impuls aufzugeben und einfach raus zu gehen. Ich habe mich allerdings überwunden und war danach richtig stolz auf mich es geschafft zu haben. Auch andere Teilnehmer haben mir bestätigt, dass sie über ihre Grenzen gegangen sind. Sogar für regelmäßige Saunagänger war es eine große Herausforderung und besondere Erfahrung.

Aufgabe:

Suche Dir einen Anbieter für ein Schwitzhüttenritual in Deiner Umgebung und nimm daran teil.

5.10 Geh den Jakobsweg! - On the way!

Spätestens durch Hape Kerkeling und sein Buch ist der Jakobsweg auch in Deutschland bekannt geworden. Sein Buch hält sich schon lange auf den Bestsellerlisten und hat viele Menschen dazu inspiriert, selber einmal den Jakobsweg zu gehen.

Den Jakobsweg zu gehen kann eine körperliche Extremerfahrung sein. Dies hängt vor allem von der Länge der täglichen Etappen ab. Eine Freundin von mir ist den Jakobsweg 2 Wochen lang, täglich zwischen 30 und 40 Kilometer, gegangen. Teilweise wollte sie abbrechen und zurück fahren, aber sie wollte sich diese Blöße nicht geben. Nachdem sie ein paar wirklich harte Tage überstanden hatte, setzte plötzlich eine Euphorie ein, die ihr die täglichen 40 Kilometer, mit einem ca. 20 Kilogramm schweren Rucksack auf dem Rücken, extrem leicht erschienen ließen. Sie kam zurück voller Stolz für ihre vollbrachte Leistung. Sie hatte einige Fettpölsterchen in Muskeln verwandelt und wusste: "Das will ich nochmal machen."

Aufgabe:

Gehe den Jakobsweg bis Santiago de Compostela. Je nachdem wieviel Zeit Du hast, suche Dir einen geeigneten Startpunkt aus, der Dich an Deine Grenzen bringt und bei dem Du Dich wirklich bemühen musst, in der angegebenen Zeit Dein Ziel zu erreichen.

Variationen:

- Mache andere Wanderungen oder Radwanderungen, die mindestens 2 Wochen gehen und Dich täglich an Deine Grenzen treiben.
  Trainiere für einen Marathon und laufe ihn dann.
- Fahre mit Deinem Fahrrad einen der Berge der Tour de France der höchsten Kategorie hoch.

6 Reisen

Allein durch Reisen verlässt Du Deine Komfortzone. Auf den Reisen kannst Du dies aber noch weiter treiben. ;-)

6.1 Interessiere Dich für Kultur! - Culture club!

Auf meinen Reisen ist mir aufgefallen, dass viele in einer fremden Stadt Museen und sonstige Kultureinrichtungen besuchen, in der eigenen Stadt diese Möglichkeiten aber nicht nutzen. Das ist sehr schade, denn wenn sie sich schon in ihrer Heimat mit Kunst beschäftigen würden, dann könnten sie auch auf Reisen die Kunst viel stärker schätzen.

Bei vielen läuft der Besuch in den Museen eher nach dem Muster ab, was muss man gesehen haben und wovor muss ich mal fotografiert worden sein, um zu beweisen, dass ich auch da war. Du Kunst ist eher Nebensache.

Ich war letztens mit einem Freund in Rom, der dort über ein halbes Jahr lang Kunst studiert hat. Durch ihn habe ich gelernt Kunst ganz anders wahrzunehmen. Er hat mich z. B. gefragt, warum die Laokoon-Gruppe so berühmt ist. Was macht sie aus, was ist besonderes an ihr. Er ließ mich die bedeutenden Statuen mit den weniger bedeutenden vergleichen. Auch bei den Bildern half er mir mein Auge zu schulen. So lernte ich die Besonderheiten und die Entwicklung der einzelnen Kunstwerke zu erkennen und wertzuschätzen.

Dafür musst Du nicht mal reisen. Auch in Deutschland haben wir viele Museen mit hervorragenden Kunstwerken. Hier hast Du auch die Möglichkeit mehrmals in das gleiche Museum zu gehen. So kannst Du Dich jedes Mal auf wenige Ausstellungsstücke konzentrieren und sie Dir genau ansehen. So hast Du z. B. die Möglichkeit, die Werke eines Künstlers miteinander zu vergleichen und so seine Entwicklung nachzuvollziehen. Oder Du vergleichst Kunstwerke einer Zeit miteinander und erkennst, warum einige Künstler berühmt geworden sind. Sie haben Neues eingebracht.

Aufgabe:

Gehe in Museen, Theater, Opern, klassische Konzerte, Ausstellungen, Musicals, Lesungen, Bibliotheken usw. Informiere Dich vorher möglichst genau über das entsprechende Thema. Beschäftige Dich auch dort intensiv mit dem Dargebotenem und nutze dabei alle zur Verfügung stehenden Mittel. Beschäftige Dich allgemein mit Kunst. Warum sind die Werke so besonders, was macht sie aus? Wenn Du etwas nicht verstehst, dann finde jemanden, der es Dir erklärt.

Variationen:

- Vergleiche unterschiedliche Kulturen miteinander.

6.2 Lasse Dich auf Neues ein! - Pure travelling!

Bei vielen Reisen geht es nicht mehr rein um das Erleben und Erfahren von fremden Eindrücken, sondern oft um das Festhalten dieser Erlebnisse auf Fotos, Filmen, usw. Es scheint, als ob es nur noch darauf ankommt, einmal an einem bestimmten Ort gewesen zu sein und es beweisen zu können, nicht mehr um das Erleben des Ortes selber.

Ich war, wie schon erwähnt, in Rom, wo ich mich wie viele andere in einer langen Warteschlange vor dem vatikanischen Museen eingereiht habe. Als ich dann endlich die Gelegenheit hatte, die Kulturgüter von Michelangelo, Raffael usw. mit eigenen Augen zu betrachten war dies schon ein sehr beeindruckendes Erlebnis für mich. Vielen anderen Besuchern neben mir ging es nur noch um das Fotografieren der Kunstwerke. Sie kamen, machten ein Foto und gingen. Sie haben noch nicht mal gesehen was sie eigentlich fotografiert haben. In ihrem Reiseführer stand, das muss man gesehen haben und so hielten sie es mit ihrer Kamera fest. So entging ihnen die Ausstrahlung und Intensität des Werkes, sie schafften aber sehr viel mehr Werke als ich und hatten Fotos davon, die ich mir nur in sehr viel besserer Qualität in einem Bildband besorgen konnte.

Durch den Verzicht auf Deine Kamera gibst Du Dir die Möglichkeit die Welt wieder selbst zu erfahren und nicht gefiltert durch das Objektiv Deiner Kamera. Du kommst in die Situation, Dir ein eigenes Bild in Deinem Geist machen zu müssen und vor allem musst Du zu Hause erklären was Du alles gesehen hast und was Dich daran beeindruckt hat, anstatt einfach nur Fotos zu zeigen.

Durch den Verzicht auf Deinen Stadtführer findest Du vielleicht Sehenswürdigkeiten, die sonst niemand interessant findet. Du kannst die Gegend selber erkunden und herausfinden, was Dir gefällt und was Du als sehenswert erachtest.

Aufgabe:

Reise zukünftig ohne technische Hilfsmittel. Am besten ist es, Du reist ohne Reiseführer und erkundest die Umgebung auf eigene Faust. Frage Einheimische welches ihre Lieblingsplätze sind, wo sie sich entspannen oder Kultur genießen. Grundsätzlich, wo sie ihre Freizeit verbringen. Wenn Du etwas gefunden hast, was Dir gefällt, dann informiere Dich wie in Übung 6.1 beschrieben darüber.

Variationen:

- Lasse Dich einfach treiben und beobachte, wo es Dich hinzieht.

6.3 Das Wochenende lädt zum Reisen ein! - Two days away!

Mit den technischen Möglichkeiten, die uns seit einigen Jahren zu günstigen Preisen zur Verfügung stehen, ist es sehr leicht geworden die Welt zu erkunden. Noch vor 200 Jahren hat es Wochen gedauert durch Europa zu reisen und selbst nach der Erfindung der Eisenbahn noch Tage. Heute können wir für wenige Euros in ein zwei Stunden in die Metropolen Europas fliegen, einen Stadtbummel machen und wieder zurück fliegen. Wir können in kürzerer Zeit nach Prag fliegen als wir oft in Berlin von einer Ecke zur anderen brauchen. Warum sollten wir diese Möglichkeiten nicht nutzen?

Die meisten Angestellten und Arbeiter in Deutschland haben um die 30 Tage Urlaub im Jahr. Sie haben aber über 100 Tage Wochenende. Statt sich also zu überlegen, was man in den wenigen Urlaubstagen machen soll, kann man sich doch überlegen, wie man die vielen Wochenenden nutzt. Natürlich kann man diese noch nicht zu Fernreisen nutzen. Andererseits haben wir in unserer Umgebung, und da schließe ich Flugzeiten von 2 bis 3 Stunden mit ein, genügend lohnenswerte Ziele. Allein die alle zu erkunden kann uns ein Leben lang beschäftigen.

Reisen um des Reisens willen ist damit aber nicht gemeint. Lasse die Reisen zu einem Erlebnis werden, wie Du das machst, hast Du ja in den anderen Übungen schon gelernt.

Aufgabe:

Organisiere einmal im Monat eine Wochenendreise.

Variationen:

- Erkunde ein Wochenende im Monat Deine Umgebung, zu Fuß oder mit dem Fahrrad. Dehne den Umkreis immer weiter aus.

6.4 Wieviel Sterne sollen es sein? - Poor vs. rich!

Im Urlaub möchte man sich etwas gönnen, schließlich hat man ein halbes Jahr dafür gearbeitet und freut sich schon so lange darauf. Nur was bedeutet es, sich etwas zu gönnen? Heißt das Luxus pur? All inclusive? Oder ist es vielmehr der Genuss, der im Vordergrund steht? Wie stark hängt der Genuss mit der Umgebung zusammen? Dies gilt es in dieser Übung herauszufinden.

Reisen müssen nicht sorgfältig geplant und terminiert sein. Spontane Reisen, die auch ruhig nur ein paar Tage dauern können, sind manchmal viel spannender.

In meinem letzten Urlaub habe ich die ersten 5 Tage in einem 4 Sterne Hotel in wunderschöner Umgebung verbracht. Die nächsten 10 Tage war ich dann in einem Schlafraum mit 10 anderen Personen und Stockbetten untergebracht, mit einem einzigen Bad. Ratet mal, wo ich mehr Spaß hatte und interessantere Leute kennenlernte, mit denen ich heute noch in Kontakt stehe...

Aufgabe:

Gestalte Deinen nächsten Urlaub flexibel. Übernachte mal in einem Hostel und mit dem gesparten Geld leiste Dir eine Nacht im besten Hotel der Stadt. Iss so günstig wie möglich und leiste Dir dann ein Essen im besten Restaurant. Spare auf der Reise und fliege dafür Business oder First Class. Stelle überall Kontakte zu den Menschen her und finde heraus was das für Menschen sind und wie glücklich sie sind. Beobachte wie es Dir in den unterschiedlichen Situationen geht. Achte darauf, wie sehr Du Dein Glück von der Umgebung abhängig machst. Versuche unabhängig von der Umgebung glücklich zu sein.

Variationen:

- Mache einmal Urlaub in einem Kloster.
- Fahr mal mit der Bahn statt zu fliegen, oder mit der Mitfahrgelegenheit, mit dem Bus oder trampe.

6.5 Sprache lernen! - Speak in tounges!

Immer wieder stelle ich fest, dass die Einheimischen in Ländern, die ich besuche sehr positiv darauf reagieren, wenn ich auch nur ein paar Worte ihrer Sprache spreche. Plötzlich gehen sie ganz anders mit mir um und behandeln mich nicht mehr nur als gewöhnlichen Touristen.

Seit ich das realisiert habe, habe ich mir angewöhnt, bevor ich auf Reisen gehe, zumindest ein paar Phrasen der Landessprache zu lernen. Mit der Zeit wurden es immer mehr Phrasen, die ich mir vorher beigebracht habe. Für vieles reicht ein Grundwortschatz von 100 bis 300 Wörtern vollkommen aus. Wenn Du Dich dann noch ein wenig auf die Sprachmelodie einlässt, dann fällt es Dir bald sehr einfach Dich in unterschiedlichsten Ländern verständlich zu machen.

Aufgabe:

Lerne die Sprache des Landes, in das Du reisen möchtest. Umso länger Du dort bleiben möchtest, umso mehr Wörter lerne. Lerne dabei für jeden Tag, den Du dort sein wirst 20 Wörter und Phrasen. Benutze auf der Reise Deine neuen Sprachkenntnisse und verständige Dich möglichst nur in der Landessprache.

Variationen:

- Lerne jedes Mal, wenn Du mit einer anderen Kultur konfrontiert wirst 10 Worte der jeweiligen Sprache. Wenn Du italienisch essen gehst, dann lerne 10 Worte Italienisch usw.

6.6 Spiele Fremdenführer! - Be your own guide!

Immer wieder stelle ich fest, dass die Menschen Urlaub machen und mit dem Fremdenführer durch die Stadt rennen und sich die Sehenswürdigkeiten anschauen. Andererseits wissen sie oft nicht, was es in ihrer Heimatstadt zu sehen gibt.

Ich war kürzlich wieder in Berlin und inzwischen kenne ich mich dort recht gut aus. Das letzte Mal wollte ich mir unbedingt den Stadtteil Friedrichshain anschauen und fragte deswegen einige Leute, die schon eine Weile dort leben: „Was soll ich mir in Friedrichshain unbedingt ansehen?"

Mich hat sehr überrascht, dass mir keiner eine richtige Auskunft geben konnte. Geht es Dir in Deiner Stadt genauso?

Dann wird es Zeit für eine Veränderung...

Aufgabe:

Entdecke zuerst die Sehenswürdigkeiten Deiner eigenen Stadt oder Umgebung. Wie Du das machen kannst, hast Du schon in den vorherigen Übungen gelernt.
Biete beispielsweise im Internet auf Seiten wie www.new-in-town.de oder www.kijiji.de Deine Dienste als kostenloser Reiseführer an.

Variationen:

- Lerne die wirklichen Sehenswürdigkeiten einer fremden Stadt kennen. Biete Dich dann auch in fremden Städten als Fremdenführer an.

6.7 Lerne Einheimische kennen! - Stranger in the town!

Auch wenn es heute gute Reiseführer gibt, ist die beste Methode, um ein Land oder eine Stadt zu erkunden, dies mit Einheimischen zu tun. Diese wissen in der Regel am besten, welche Plätze sich zu besuchen lohnen, wo die nettesten Leute sich treffen und wann man wo am besten hereinkommt.

Bei mir ist es inzwischen so, dass ich in vielen Städten Leute kenne, mit denen ich losziehen kann, wenn ich mal wieder dort bin. Oft kann ich auch dort übernachten.

Benutze so viel wie möglich die einheimische Sprache, wenn Du Leute ansprichst, das bricht oft das Eis. Die Kontaktfähigkeit aus den ersten Übungslektionen ist hier natürlich sehr hilfreich für Dich.

Aufgabe:

Lerne Einheimische kennen, die Dich umherführen, wenn Du Dich fernab der Heimat aufhältst. Dabei ist es egal, ob es sich um einen Urlaub, eine Geschäftsreise oder einen Besuch handelt.

Variationen:

- Erreiche, dass Du in der fremden Stadt zu Partys eingeladen wirst.
- Übernachte bei Unbekannten. In der Linkliste findest Du einige vermittelnde Internetseiten. Das hat auch oft den Vorteil, dass Du kostenlos oder zu sehr geringen Kosten übernachten und gleich Kontakte knüpfen kannst.

6.8 Alleine in ein fremdes Land reisen! - Lonely star!

Auf sich allein gestellt in ein fremdes Land zu reisen gehört zu den spannendsten Aktivitäten. Zumindest einmal im Leben sollte das jeder gemacht haben, die dabei gemachten Erfahrungen lohnen es allemal.

Aufgabe:

Reise in ein Land, das Du schon immer erkunden wolltest. Bereite Dich gut vor und reise alleine. Für diese Fälle gibt es sehr gute englischsprachige Reiseführer von Lonely Planet,

Variationen:

- Reise von Hostel zu Hostel und schließe Dich anderen an.
  Setze Dir ein Budget für den Tag inkl. Übernachtung, z. B. 20 Euro.

7 Profiübungen

Hier findest Du Übungen, die wahrscheinlich nur die Wenigsten machen werden.

Nun bist Du beim letzen Teil der Übungen angelangt. Wenn Du alle vorhergehenden Übungen gemacht hast, ist auch schon einiges an Zeit vergangen und das Buch war möglicherweise Dein ständiger Begleiter.

Aus meinen eigenen Erlebnissen und der damit verbundenen Erfahrung weiß ich, wie spannend Dein Leben nun ist. Ich bin mir sicher, dass Dein jetziges Leben mit dem Leben vor dem Buch nur annähernd vergleichbar ist. Die mit den Übungen verbundenen Veränderungstechniken haben sich schon quasi als Blaupause in Dein Leben eingeprägt und Langeweile oder wenige Sozialkontakte gehören der Vergangenheit an. Auch neue Dinge gehst Du nun anders an.

Nichtsdestotrotz gibt es immer noch Möglichkeiten, Deine Persönlichkeitsentwicklung weiter voran zu treiben. Die Entwicklung der eigenen Persönlichkeit hört nie auf, selbst in einem weit fort geschrittenen Alter.

Jetzt die Übungen, die wahrscheinlich nur die Wenigsten machen werden. Vielleicht gehörst Du ja dazu. ;-)

7.1 Vipassana Meditation! - Ten days meditation!

Eine Zusammenfassung vieler vorheriger Übungen bildet diese Übung, genauso wie die meisten anderen Profiübungen.

Die Vipassana Meditation ist eine der ältesten Meditationsarten. Wir haben sie aus unterschiedlichsten Gründen in die Profiübungen aufgenommen. Die Teilnahmebedingungen bringen die meisten Menschen an unterschiedlichen Stellen weit aus ihrer Komfortzone.

Für mich ist es am Schwierigsten 10 Tage nicht kommunizieren zu dürfen. Nicht mit den anderen Teilnehmern und auch nicht mit Freunden und Bekannten außerhalb des Kurses. Das heißt nicht nur das Sprechen ist untersagt, sondern auch jegliche nonverbale Kommunikation. Zusätzlich ist jede Form der Ablenkung untersagt. Kein Sport, kein Lesen oder Schreiben, geschweige denn Einsatz anderer Medien wie mp3-Player, Handy usw. Auch das vegetarische Essen ist vorgegeben und jeder meditiert knapp 11 Stunden jeden Tag allein oder im Gruppenraum. Mehr Informationen dazu findest Du in der Linkliste.

Aufgabe:

- Lies Dir die Teilnahmebedingungen sehr genau durch und melde Dich dann für 10 Tage Vipassana-Meditation an.

7.2 Ein Wochenende im Wald! - Walden!

In seinem Buch Walden erzählt Henry D. Thoreau wie es ihm in 2 Jahren in der Wildnis ergangen ist. Er hat sich aus der damals beginnenden Industrialisierung zurückgezogen, um einen alternativen und ausgewogenen Lebensstil zu verwirklichen.

Wir leben fast schon im Paradies, wo uns das Essen in den Mund fliegt. Die Wenigsten sind heutzutage noch in der Lage sich selbst zu versorgen. Das sollst Du mit dieser Übung ändern und unter Beweis stellen.

Aufgabe:

Lerne, wie Du im Wald leben, was Du dort essen und wie Du Dir einen Unterschlupf bauen kannst. Geh dann für ein Wochenende nur mit den Sachen, die Du am Körper trägst in den Wald und überlebe dort allein.

Variationen:

- Lebe eine Woche allein im Wald.
  Nimm Deine Kinder mit, wenn sie alt genug sind, und bringe ihnen bei im Wald bzw. in der Wildnis zu überleben.

7.3 Heute bei Sowieso! - Everybody's darling!

Mit dieser Aufgabe kannst Du der immer größer werdenden Anonymität entfliehen und jeden Tag neue Menschen intensiv kennenlernen. Außerdem bereitet Dich diese Übung auf noch kommende Übungen vor.

Lerne mit dieser Übung nicht nur neue Menschen kennen, sondern auch Deine Ausstrahlung und Dein Auftreten so zu verändern, dass Du den meisten Menschen sympathisch erscheinst und sie Dich, obwohl sie Dich nicht kennen, einfach bei sich übernachten lassen. Dafür musst Du erstmal Deine Aufmerksamkeit schulen. Zweitens musst Du bewusst oder unbewusst erkennen, wie Dein Gegenüber tickt und was Du sagen und wie Du Dich verhalten musst, damit er Dich als sympathisch einschätzt. Die meisten Menschen suchen dafür nach Gemeinsamkeiten. Finde also Gemeinsamkeiten zwischen Dir und Deinem Gegenüber und hebe sie hervor. Mit etwas Übung fallen Dir sicher noch mehr Dinge auf, mit denen Du bei Deinem Gegenüber Sympathie erzeugst.

Aufgabe:

Sprich fremde Menschen auf der Straße an und frage sie, ob Du heute bei ihnen übernachten darfst. Übernachte dann auch bei diesem Menschen. Nutze die Gelegenheit, um diesen Menschen besser kennenzulernen. Warum hat er Dich bei sich übernachten lassen? Ist er glücklich? Was macht ihn glücklich? Was bewegt ihn im Moment am Meisten? Erinnere Dich dabei an Übung 1.8.

7.4 Zehn Euro pro Woche! - Limited money!

Immer wieder wenn ich von meinen Reisen erzähle höre ich die Frage: „Wie kannst Du Dir das nur leisten?". Darauf antworte ich immer wieder, dass Geld nicht nötig ist, um zu reisen. Es ist hilfreich und vereinfacht einiges. Was aber wirklich nötig ist, um reisen zu können, ist Flexibilität und Angstfreiheit.

In den letzten beiden Übungen habe ich Dir schon Aufgaben gestellt, die Dir helfen diese Fähigkeiten zu entwickeln. Auch diese Übung bereitet Dich darauf vor, jederzeit machen zu können was Du willst ohne vom Geld abhängig zu sein.

Aufgabe:

Überlebe eine Woche in einer beliebigen Stadt mit nur 10 Euro. Falls Du es in Deiner Heimatstadt machen möchtest, dann tue so, als wäre es eine fremde Stadt. Du hast dort also keine Wohnung und auch keine Freunde für die Zeit.

7.5 Reise nach Shanghai! - You travel, I pay!

Und jetzt kommt die Master-Aufgabe für die Komfortzonen-Profis...

Das klingt doch verlockend: ich bezahle Dir eine Reise. Du hast richtig gelesen, ich übernehme die Kosten für eine Reise von Dir. Natürlich ist dieses Angebot an einige Bedingungen gekoppelt, Du sollst ja gewißermassen beweisen, dass Du ein Meister im Verlassen der Komfortzone bist und die meisten Übungen des Buchs beherrschst. Fast alle Erfahrungen aus den Übungen dieses Buches kannst Du irgendwann irgendwo auf Deiner Reise in eine neue Welt nutzen.

Ich möchte gar nicht lange reden, sondern Dich gleich auf den Weg schicken. Also, los geht's!!!

Aufgabe:

Nimm 20 Euro und mach Dich damit auf den Weg nach Shanghai. Reise nur von diesen 20 Euro und von dem Geld, welches Du auf der Reise verdienst. Wenn Du es schaffst, mit den 20 Euro nach Shanghai und wieder zurück zu kommen, zahle ich Dir diese Reise. Und Du bekommst von mir ein Zertifikat als "Meister der Komfortzonenerweiterung".

7.6 Guerilla marketing!

Du bist jetzt bei der letzten Übung dieses Buches angelangt. Wie fühlt es sich, die eigene Komfortzone so oft erweitert zu haben und damit auch die eigene Welt?

Dass Du so weit gekommen bist zeigt mir, dass Dir die Übungen gefallen haben. Ich vermute auch, dass sie einen starken Einfluss auf Dein Leben hatten und haben. Vielleicht hast Du noch gar nicht alle Übungen mit all Ihren Variationen gemacht und bist schon total begeistert, dann hast Du mit dieser Übung die Gelegenheit diese Begeisterung zu nutzen, um auch anderen Menschen diese Erfahrung zuteil werden zu lassen.

Aufgabe:

Nutze die Übungen aus dem Buch um anderen zu helfen. Nutze dabei die Methoden des Guerilla Marketings mit ungewöhnlichen Aktionen.

Wenn Dich das Buch in Deiner Entwicklung weitergebracht hat, kannst Du natürlich auch die Verbreitung des Buches unterstützen und das Buch bekannt machen. Finde Mittel und Strategien, die möglichst viele Menschen auf dieses Buch aufmerksam machen. Wie können diese Menschen am besten von diesem Buch profitieren?

Die Autoren: Andreas Brede

Andreas Brede ist NLP-Trainer aus Leidenschaft und beschäftigt sich seit 2001 mit NLP und Persönlichkeitsentwicklung. Neben verschiedenen Seminaren leitet er auch seit vielen Jahren eine unabhängige NLP-Peergroup in Stuttgart.

Seine besondere Art, NLP und Persönlichkeitsentwicklung anderen Menschen nahezubringen, beruht nicht auf der Vermittlung von Techniken sondern dem Aktivieren der eigenen Ressourcen und dem Erweitern der Komfortzone, um hier aktiv die Lebensqualität zu steigern. Bekannt ist er für seinen intuitiven und empathischen Stil bei der Veränderungsarbeit.

In seiner Freizeit widmet er sich u. a. der Musik, ist Mitglied der Band „Solveig Songs“, hat eigene Solo-Projekte und ein eigenes Tonstudio.

Die Autoren: Sascha Ballach

Nach der Ausbildung zum Fachinformatiker und anschließendem Studium arbeitete Sascha Ballach erfolgreich als Softwareentwickler bei namenhaften Firmen. Seinen Lebenstraum, mit Menschen zu arbeiten, ihnen bei der eigenen Persönlichkeitsentwicklung zu helfen und so wirkliche Veränderungen zu bewirken, setzte er in den nachfolgenden Jahren aktiv um.

Sascha Ballach ist ausgebildeter NLP Trainer, veranstaltet regelmäßig NLP Übungsabende und betreibt einen eigenen Blog zum Thema Persönlichkeitsentwicklung.

In seinen Seminaren, bei seinen Coachings und an sich selbst hat er dabei das Konzept der Komfortzonenübungen entwickelt und mit Andreas Brede zusammen kontinuierlich verbessert.

Noch mehr?

Zusammen machte es noch mehr Spass! Deshalb bieten wir Dir unterschiedliche Möglichkeiten dazu:

1. Gründe eine Übungsgruppe in Deiner Region und gib sie im Komfortzonenforum bekannt. (www.komfortzonenforum.de)

2. Schließe Dich einer bestehenden Übungsgruppe in Deiner Region an. Eine Übersicht findest Du im Komfortzonenforum.

3. Nimm an einem der verschiedenen Workshops teil, die sich speziellen Themen widmen. Mehr Information findest Du auf www.komfortzonenbuch.de.

4. Trage Dich in den Newsletter ein und bleibe so immer informiert, was es an Neuigkeiten rund um das Thema Komfortzone und Persönlichkeitsentwicklung gibt.

NOTIZEN